PLANETA TIERRA

Barbara Taylor

susaeta

Título original: *Planet Earth*

Dirección editorial: Natalia Hernández
Traducción: Zdenek Tusek
Corrección: Ana Delgado

C/ Campezo, 13 - 28022 Madrid
Tel.: 91 3009100 - Fax: 91 3009118

Los editores desean agradecer a las siguientes entidades el permiso para reproducir estas imágenes (a = arriba, ab = abajo, c = centro, d = derecha, i = izquierda):

Pages 2–3 Naturepl (picture library)/Anup Shah; 4–5 Science Photo Library (SPL)/Detlev van Ravenswaay; 5c Photolibrary/Corbis; 5d SPL/M–SAT Ltd; 8 Corbis/Andy Rain/epa; 9 Corbis/Lloyd Cluff; 10 PA/AP; 11ai Reuters; 13a Photolibrary/John Downer; 13ab Corbis/Torleif Svensson; 14–15 Getty/Panoramic Images; 14cd Photolibrary/Digital Vision; 15abi Corbis/Guenter Rossenbach; 15caja Shutterstock/Bryan Brazil; 15cajaa Shutterstock/Invisible; 15cajaac Shutterstock/Wallenrock; 15cajac Shutterstock/Keith Levit; 15cajaabi Photolibrary/Jeff Vanuga; 15cajaabd Getty/National Geographic Society (NGS); 15abc Getty/Visuals Unlimited; 15abci Getty/Visuals Unlimited; 15abd Alamy; 16–17 Corbis/Theo Allofs; 16ci Shutterstock/ANP; 16abi Getty/DAJ; 17abi NASA; 18–19 Frank Lane Picture Agency (FLPA)/Minden/Hedgehog House; 18cd Corbis/Danny Lehman; 18abd Shutterstock/JayZee; 19ai Alamy/Jupiter Images; 19abd Alamy/StockShot; 20ai ESA/NASA; 20c Shutterstock/Pavel Bortel; 20ad NASA; 20abd Corbis/Daniel Cox; 21ai Virgin Galactic; 21abi SPL/Jerry Lodriguss; 21ad Lockheed Inc.; 21cab Shutterstock/Pavel Bortel; 22abi Corbis/NASA; 22abd SPL/Alfred Pasieka; 23ai SPL/Kenneth Libbrecht; 24abi Corbis/Michael Freeman; 24c SPL/Jim W. Grace; 24ad NASA; 25 Getty/Taxi; 25ad Getty Images News; 26ci Corbis/Louie Psihoyos; 28i Naturepl/Doug Perrine; 28ad SeaPics/James D. Watt; 28abd SeaPics/Masa Ushioda; 28–29 NGS/Norbert Wu/Minden; 29ac Naturepl/David Shale; 29abi SeaPics/Nat Sumanatemeya; 29ad SeaPics/David Schrichte; 29cd Image Quest Marine/Peter Batson; 29abd SPL/NOAA; 30–31 Corbis/Frans Lemmens/epa; 30i Shutterstock/Sasha Buzko; 30c Woodfall/Photoshot; 30d Corbis/Jose Fuste Raga; 31c Naturepl/David Shale; 31d Naturepl/Martin Gabriel; 32–33 Naturepl/Anup Shah; 32c NGS/Richard Du Toit/Minden; 32abd Alamy/blickwinkel; 33c Getty/Stone; 33abi Axiom/Toby Adamson; 33abd Corbis/Frans Lanting; 34 Photolibrary/OSF; 34ai Photolibrary/Peter Weimann; 34ac Alamy/Amazon Images; 34ad Corbis/Kevin Schafer; 34c Photolibrary/Corrie Zacharias; 34cd FLPA/Minden; 34abd Naturepl/Pete Oxford; 35 Naturepl/Doug Wechsler; 35cajac Photolibrary/Radius Images; 35cajad Getty/Riser; 35abc Photoshot/NHPA/James Carmichael Jr; 35abd Alamy/Norman Owen Tomalin; 36–37 Corbis/DLILL; 36abd Photolibrary/Norbert Rosing; 37ci Shutterstock/Serg Zastavkin; 37ad Photolibrary/Tom Ulrich; 37cd Getty/Daniel J. Cox; 37ab Still Pictures/Bruce Lichtenberger; 38ad Rex Features/Jim Pickerell; 39ai Corbis/Christophe Boisveiux; 39abi NOAA Picture Library; 41ai Corbis/Keren Su; 41c Corbis/Ashley Cooper; 41cd Corbis/Warren Faidley; 41cd Still Pictures/F. Naumann/UNEP; 41abi PA/AP; 41abd PA/AP; 42ad Shutterstock/iDesign; 42ab General Motors Inc.; 43ad Corbis/Atlantide Phototravel; 43ci Getty/AFP; 43abc Shutterstock/Kirschner; 43abd Shutterstock/Marek Mnich; 44i Photoshot/NHPA/James Carmichael Jr; 44c Corbis/Danny Lehman; 45ci Corbis/Michael Freeman; 45cd Corbis/DLILL; 46–47 Getty/Panoramic Images; 48ci Alamy/View Pictures; 48ad Shutterstock/edobric; 48abi www.discoveringfossils.co.uk; 48 FLPA/Siepmann/Imagebroker

CONTENIDO

TIERRA EN EL ESPACIO

> **PLANETA:** *masa esférica formada por roca, metales o gases que orbita alrededor de una estrella.*

La Tierra es un planeta rocoso que, junto con otros siete planetas, forma parte del sistema solar. Este conjunto planetario se formó probablemente hace unos 4,6 mil millones de años, a partir del material que quedó vagando por el espacio tras el nacimiento del Sol. La Tierra es un planeta único, pues sólo en él se conoce vida y se ha encontrado agua en estado líquido. Las fuerzas internas del planeta interactúan con el aire, el agua, las rocas y la vida de la superficie, dándole forma y modificándolo.

La Tierra es el tercer planeta más cercano al Sol, y da vueltas alrededor suyo a una distancia perfecta para albergar vida, pues no hace demasiado calor ni demasiado frío. Además, el gigantesco planeta Júpiter actúa como escudo contra las rocas espaciales que podrían colisionar con la Tierra.

La superficie terrestre

Alrededor del 70 % de la superficie terrestre está cubierta por agua. Las cuatro masas de agua principales son los océanos Ártico, Antártico, Atlántico, Índico y Pacífico, los cuales rodean a los continentes África, Antártida, Asia, Oceanía, Europa y América. Envolviendo la superficie, una capa de gases llamada atmósfera protege el planeta de los dañinos rayos del sol, así como de los meteoros. El Sol calienta el planeta, pero no lo hace igual en toda su superficie, por lo que existen diferencias de temperatura que dan lugar a los cambios del tiempo atmosférico.

> La Luna dista unos 384.400 km de la Tierra; el Sol se encuentra aproximadamente a 150 millones de kilómetros.

«... una brillante joya de color azul y blanco, una ligera y delicada esfera celeste con vaporosos velos blancos que giran lentamente sobre sí mismos ... una diminuta perla en un espeso y misterioso mar negro. Uno no se hace a la idea inmediatamente de que se trata de la Tierra... de nuestro hogar».

Edgar Mitchell (1930-)

Astronauta norteamericano,
la sexta persona en poner los pies en la Luna

La Luna

La Tierra posee un satélite rocoso orbitando alrededor de ella, y, como ella, también gira alrededor de su propio eje. Entre la Luna y la Tierra hay una fuerza de atracción denominada gravedad, gracias a la cual nuestro planeta no se tambalea demasiado y el clima permanece estable, lo cual favorece el desarrollo de la vida.

LAS ESTACIONES

El tiempo que tarda la Tierra en dar la vuelta alrededor del Sol se ha utilizado como referencia de medición temporal y se ha denominado año. Orbita con un ángulo de 23,5º, una inclinación que determina las diferencias climáticas de cada región, pues éstas se basan en patrones regulares llamados estaciones.

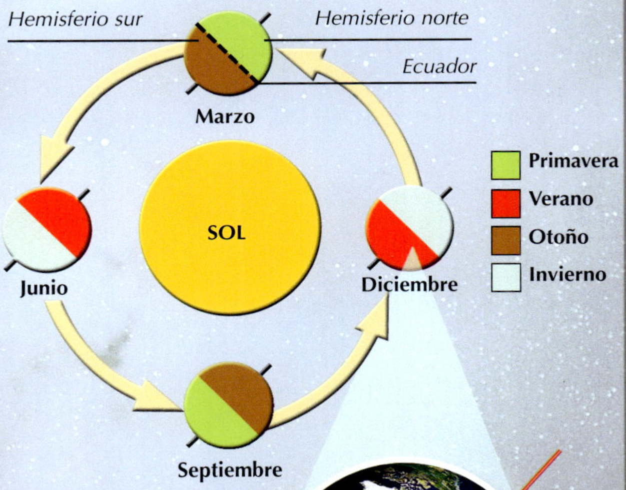

La Tierra tarda 24 horas en dar una vuelta sobre su eje. En la zona más cercana al Sol es de día, pero, a medida que gira y se va alejando, se va haciendo de noche.

MUNDO GEA

La corteza terrestre es como la fina piel de una manzana, pero dividida en 14 placas grandes y 38 pequeñas que encajan como las piezas de un puzle.

La cara amable del planeta –una superficie azul y blanca, de temperatura agradable–, no se corresponde con su interior, la ardiente masa que alcanza casi la misma temperatura que las zonas externas del Sol. Sin embargo, la superficie de la Tierra tampoco es lo que parece. La delgada corteza que reviste su caliente cuerpo está agrietada, fragmentada en grandes placas que, por efecto del calor del interior, se desplazan e, inevitablemente, chocan unas con otras, provocando terremotos, dando lugar a los pliegues que conforman las montañas, y abriendo paso a los volcanes a través de las aberturas formadas.

«¿Iba yo a creerle ... en su intención de viajar al centro de este enorme planeta? ... ¿eran locas especulaciones de un lunático, o conclusiones científicas de un brillante genio?»

Julio Verne (1828–1905)

Escritor francés, autor de* Viaje al centro de la Tierra *(1864)

En constante cambio

Las placas de la corteza terrestre, cuyo espesor varía entre 80 y 400 km, cambian de tamaño con el tiempo: crecen cuando se añade a sus márgenes materia del interior de la Tierra, y se comprimen al chocar entre ellas o si se hunden sus bordes, por lo que, aunque cambiante, la corteza conserva siempre su tamaño.

PLACAS EN MOVIMIENTO

La roca hirviente del interior de la Tierra puede abrirse paso por el interior de una placa tectónica, saliendo a la superficie en forma de islas en el océano. Así se formó Hawai.

Bajo el mar, la roca caliente surge a través de las grietas producidas entre las placas, y crea largas cadenas montañosas, como en el centro de los océanos Atlántico y Pacífico.

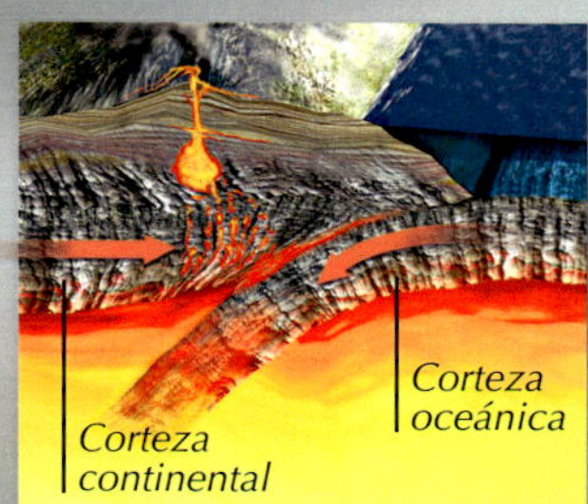

Cuando dos placas chocan, una de ellas puede deslizarse por debajo de la otra. Entre ambas queda un espacio que origina la formación de un volcán.

Las zonas de ruptura de la corteza se denominan fallas. En los planos de falla, el contacto entre las placas que se deslizan lateralmente produce los temblores de los terremotos.

> Las placas tectónicas se deslizan a una velocidad similar al crecimiento de las uñas: de 1 a 10 cm por año.

PLACAS TECTÓNICAS: *grandes fragmentos de corteza terrestre y parte superior del manto que se desplazan vertical y horizontalmente.*

El interior de la Tierra

La Tierra se compone de cuatro capas principales. En el centro, a 6.400 km de la superficie, se encuentra el núcleo, una bola sólida que, muy probablemente, es de hierro. Aunque el núcleo está muy caliente (a 3.000 - 5.000 ºC), la presión que soporta es tan alta que no puede derretirse. El núcleo está rodeado por una capa menos caliente, el núcleo externo, que, presumiblemente, es de hierro líquido y es el causante de que exista un campo magnético alrededor de la Tierra. A continuación se encuentra el manto, la capa más gruesa, que constituye el 70 % o el 80 % de la masa planetaria. La corteza es la capa más fina; su grosor varía entre 5 - 10 km (oceánica) y 15 - 70 km (continental).

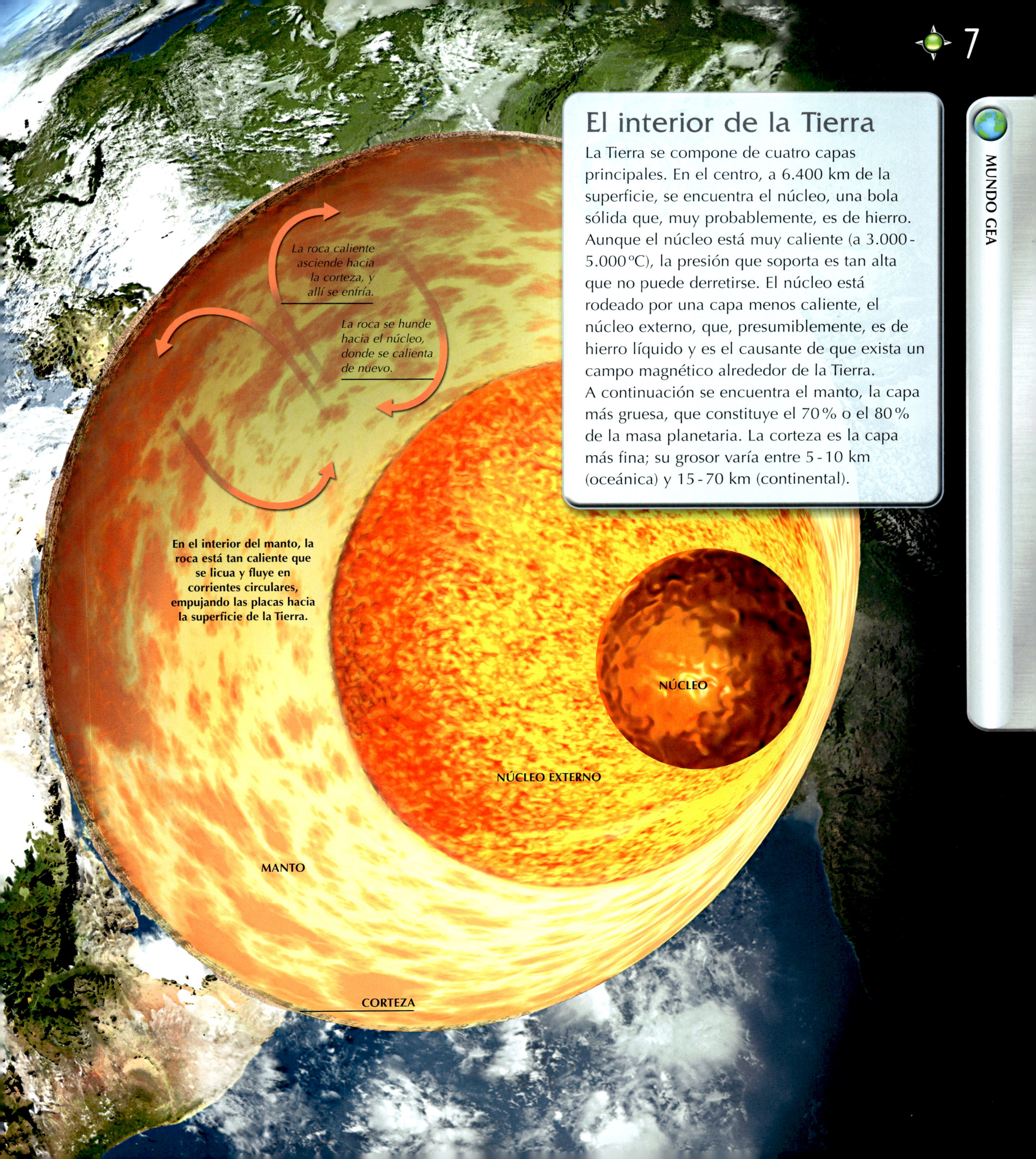

ESCALA DE RICHTER: *parámetro de medición de la intensidad de un terremoto que asigna valores entre 0 y 10.*

Maremotos

Los terremotos pueden desencadenar enormes olas llamadas maremotos o *tsunamis.* Estas titánicas olas avanzan a una velocidad de hasta 960 km/h, y pueden cruzar el océano Pacífico en menos de 24 horas. Cerca de la costa, los maremotos pueden alcanzar una altura de hasta 30 metros. En diciembre de 2004, un terremoto en el océano Índico provocó una serie de maremotos que devastaron varias regiones costeras.

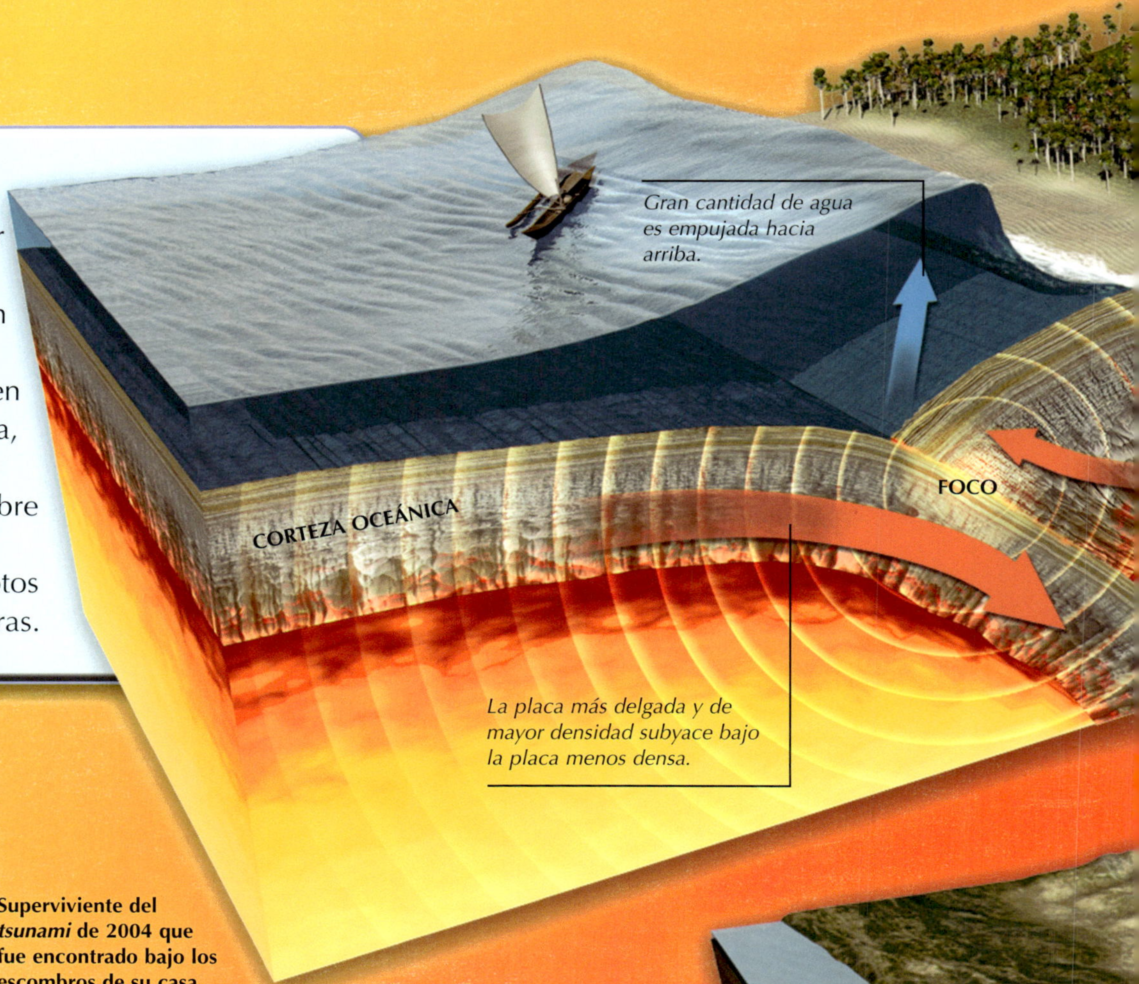

Superviviente del *tsunami* de 2004 que fue encontrado bajo los escombros de su casa, en Banda Aceh, Indonesia. El maremoto acabó con la vida de casi 300.000 personas.

TERREMOTOS

Los terremotos se producen por una repentina liberación de energía en la corteza terrestre que provoca un temblor del suelo, en ocasiones bastante violento. Mediante la escala de Richter se cuantifica esta energía y se mide la intensidad del terremoto, que será catastrófico si alcanza un valor superior a 8. Los mayores seísmos se deben a los movimientos de las placas tectónicas, aunque también se dan otros menores provocados por erupciones volcánicas o explosiones artificiales. Cada año hay aproximadamente más de un millón de terremotos, muchos de ellos apenas percibidos por los humanos.

El punto de origen subterráneo de un terremoto se denomina foco. Directamente encima de él, se encuentra el epicentro, el centro de la perturbación sísmica en la superficie.

> Un fuerte terremoto puede ser 10.000 veces más potente que la primera bomba atómica.

Grandes temblores

Durante un terremoto, las rocas de la Tierra se rompen y tiemblan, provocando ondas sísmicas que se extienden desde el foco del terremoto. Las ondas se propagan por la corteza a una velocidad que depende de la profundidad del foco y de la densidad de las rocas por las que se propagan. Las ondas de los terremotos más intensos pueden hacer que todo el planeta emita un sonido sordo durante un día entero.

La placa más gruesa, menos densa, se arruga al chocar contra la otra placa.

Cuando una placa se desliza debajo de otra, puede originarse un terremoto en la corteza superior. Si esto ocurre en el océano, se forma un maremoto.

Los terremotos se producen a menudo en las fallas, pues son los puntos débiles de la corteza terrestre.

Falla

Las ondas sísmicas se propagan a partir del foco.

El foco de un terremoto puede hallarse a más de 700 km bajo la superficie terrestre.

VOLCANES

Los volcanes son aberturas en la superficie de la Tierra a través de las cuales escapa roca fundida (magma), cenizas y gases, ayudando a liberar la presión acumulada en el interior y a regular la temperatura del núcleo. La mayoría de los volcanes se crean en los bordes de las placas tectónicas, pues la corteza es más débil y el magma puede abrirse paso a través suyo con más facilidad. Actualmente hay más de 500 volcanes activos en el mundo.

MAGMA: *roca fundida en el interior de la tierra procedente de la base de la corteza terrestre y de la parte superior del manto.*

En 1997, Plymouth, la antigua capital de Montserrat, en el Caribe, fue enterrada bajo 12 m de lodo y cenizas procedentes de un volcán en erupción. Sus habitantes tuvieron que abandonar la ciudad durante un tiempo.

Una montaña de fuego

Cuando el magma sale al exterior, se denomina lava. El volcán de la ilustración ha formado una montaña con las capas de ceniza y lava que, al enfriarse, se han convertido en roca dura. La forma de un volcán depende del tipo de lava que lo forme. La lava espesa y pegajosa no llega a fluir mucho antes de solidificarse, por lo que crea volcanes en forma de cúpula; a estas estructuras se las denomina domos de lava. La lava líquida y fina se extiende por zonas más amplias y crea estructuras bajas y abovedadas conocidas como volcanes en escudo.

> La lava ardiente puede llegar a más de 1.000 °C, y fluye a una velocidad de hasta 180 m/s.

En mayo de 2008, tras 9.000 años de inactividad, entró en erupción el volcán chileno Chaitén, lanzando nubes de ceniza a una altura de más de 16 km. Las cenizas llegaron hasta Argentina, a cientos de kilómetros de distancia.

CLAVE

1. Lacolito: elevación rocosa del suelo en forma de cúpula provocada por el empuje del magma acumulado bajo la superficie.
2. Cámara magmática: piscina subterránea de roca líquida fundida.
3. Garganta: chimenea a través de la cual el magma escapa hacia la superficie.
4. Géiser: fuente de agua y vapor, los cuales han sido calentados por piedras volcánicas.
5. Aguas termales: agua calentada bajo la tierra que sale a borbotones en la superficie y tiñe la tierra con sus minerales.
6. Fisura volcánica: dislocación de la corteza terrestre (que puede llegar a medir hasta varios kilómetros de longitud) a través de la cual fluye la lava durante la erupción.

Unos robots recogen muestras de los gases y las rocas volcánicas en una zona que sería demasiado peligrosa para las personas.

MONTAÑAS

La quinta parte de la superficie del planeta son áreas montañosas. Por lo general, estas zonas superan los 1.000 metros. Las cordilleras más grandes del mundo son: en Europa, los Alpes; en Asia, el Himalaya; en América del Norte, las Montañas Rocosas, y en América del Sur, los Andes. Además, existen enormes montañas submarinas.

CORDILLERA: *serie de montañas dispuestas en cadena.*

Cordilleras de plegamiento

Estas cadenas montañosas se forman por el choque de dos placas tectónicas que, al colisionar, empujan verticalmente las capas de roca situadas entre ellas, las cuales ascienden formando grandes pliegues. El Himalaya continúa elevándose unos 6 cm cada año por este efecto de plegamiento.

Cordilleras de bloque

Este tipo de montañas se forman cuando la presión mantenida bajo la corteza terrestre hunde un bloque de roca situado entre dos fallas y sus laterales emergen. La cima de estas montañas es plana, a diferencia de las montañas plegadas, que exhiben recortadas crestas.

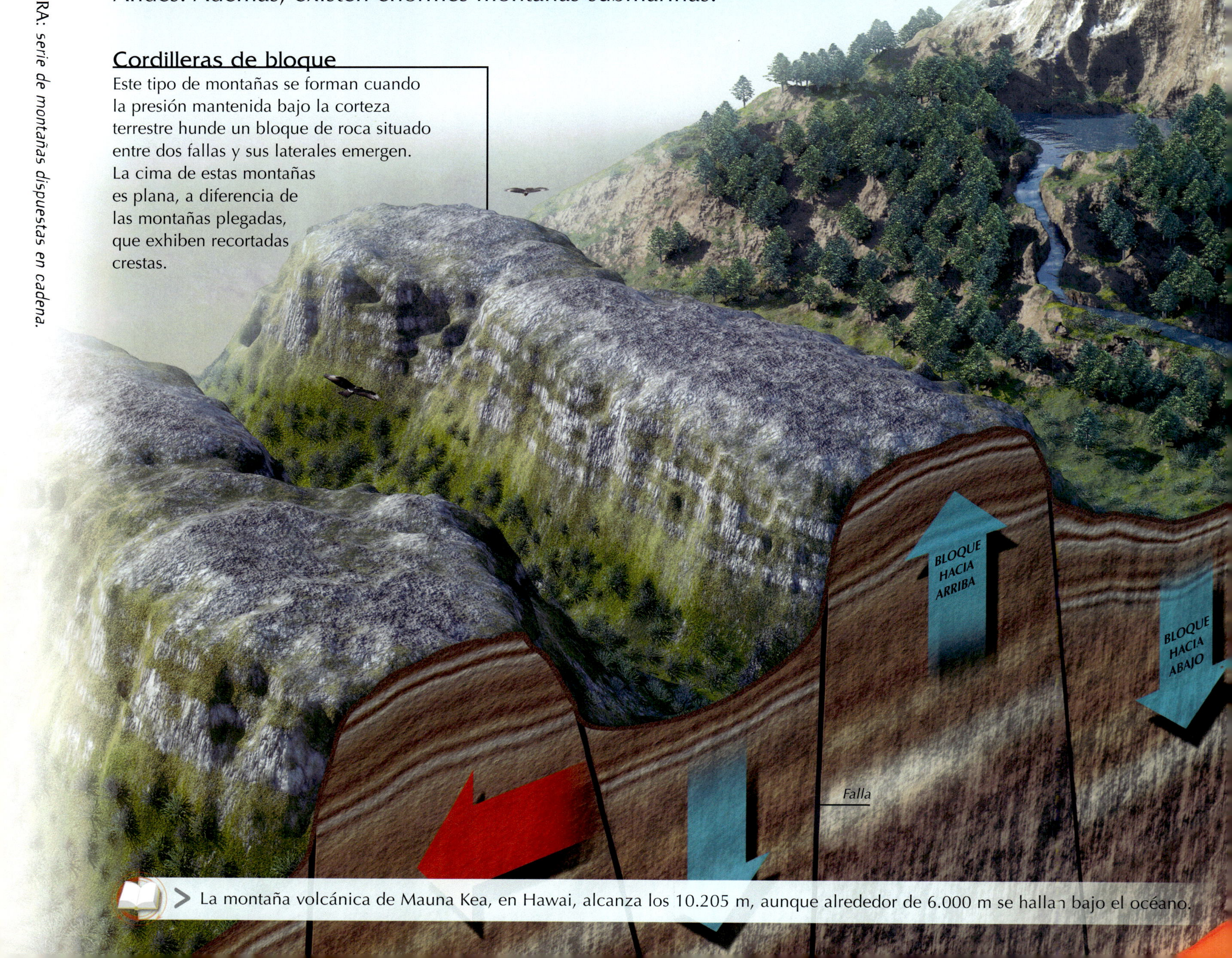

La montaña volcánica de Mauna Kea, en Hawai, alcanza los 10.205 m, aunque alrededor de 6.000 m se hallan bajo el océano.

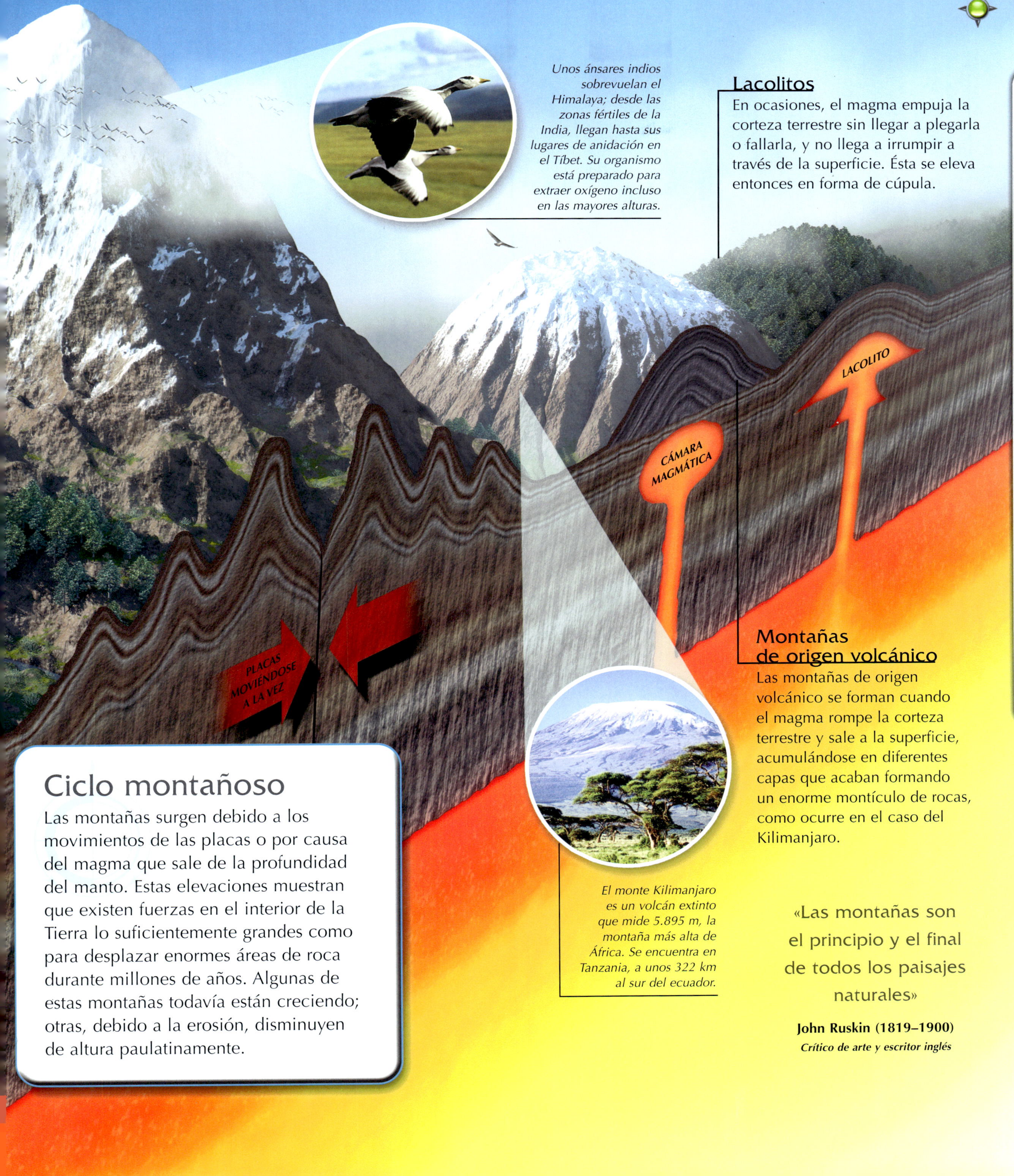

Unos ánsares indios sobrevuelan el Himalaya; desde las zonas fértiles de la India, llegan hasta sus lugares de anidación en el Tíbet. Su organismo está preparado para extraer oxígeno incluso en las mayores alturas.

Lacolitos

En ocasiones, el magma empuja la corteza terrestre sin llegar a plegarla o fallarla, y no llega a irrumpir a través de la superficie. Ésta se eleva entonces en forma de cúpula.

Montañas de origen volcánico

Las montañas de origen volcánico se forman cuando el magma rompe la corteza terrestre y sale a la superficie, acumulándose en diferentes capas que acaban formando un enorme montículo de rocas, como ocurre en el caso del Kilimanjaro.

El monte Kilimanjaro es un volcán extinto que mide 5.895 m, la montaña más alta de África. Se encuentra en Tanzania, a unos 322 km al sur del ecuador.

Ciclo montañoso

Las montañas surgen debido a los movimientos de las placas o por causa del magma que sale de la profundidad del manto. Estas elevaciones muestran que existen fuerzas en el interior de la Tierra lo suficientemente grandes como para desplazar enormes áreas de roca durante millones de años. Algunas de estas montañas todavía están creciendo; otras, debido a la erosión, disminuyen de altura paulatinamente.

«Las montañas son el principio y el final de todos los paisajes naturales»

John Ruskin (1819–1900)
Crítico de arte y escritor inglés

Vigilantes de piedra

En el parque nacional de Nambung, en Australia, miles de columnas de piedra caliza, algunas de ellas de hasta 4 metros de altura, imprimen personalidad a un paisaje espectacular. Son restos de una gruesa capa de dura roca caliza que se formó bajo las dunas de arena. A lo largo de miles de años, el viento fue barriendo la arena y dejó la roca desnuda.

> **MINERAL:** *sustancia natural de la corteza terrestre que tiene una composición química constante y una estructura cristalina propia.*

ROCAS Y MINERALES

Las rocas son materiales sólidos de la corteza terrestre. Ellas explican el pasado de nuestro planeta, ya que cada una se formó en condiciones y mediante procesos distintos. Están compuestas por minerales, diferentes combinaciones de elementos químicos naturales que, por lo general, forman cristales y se agrupan en bloques sólidos. Las rocas pueden ser ígneas, sedimentarias o metamórficas.

Roca ígnea

Este tipo de roca se forma cuando el magma se filtra a través de las grietas de la corteza y se enfría y solidifica en la superficie. La Calzada del Gigante, en Irlanda (arriba), se creó hace unos 60 millones de años a partir de la laguna de lava que dejó la erupción de los volcanes vecinos. Las 40.000 columnas son el resultado del enfriamiento de la lava, que, al contraerse, se partió. La mayoría de las columnas tienen seis lados.

> El carbón se forma tras un proceso de compactación de plantas que dura millones de años.

Roca sedimentaria

Las rocas formadas por la acumulación de sedimentos –pequeños granos de arena, barro y otros desechos de las rocas desprendidos por el viento o el agua– también pueden estar compuestas por restos de plantas y animales. Los sedimentos se acumulan en distintas capas en el fondo de mares, lagos y ríos. Con el tiempo, su propio peso y el del agua los va aplastando y quedan apelmazados formando una roca sólida (por ejemplo, arenisca, caliza o yeso).

EL CICLO DE LA ROCA

Las rocas se encuentran siempre en proceso de transformación: son destruidas y se vuelven a formar en un ciclo interminable. La roca nueva se forma con la erupción de un volcán, mientras que la roca ya existente sufre la erosión del viento y el agua. La presión, el calor y las fuerzas internas de la Tierra pueden modificar la roca vieja.

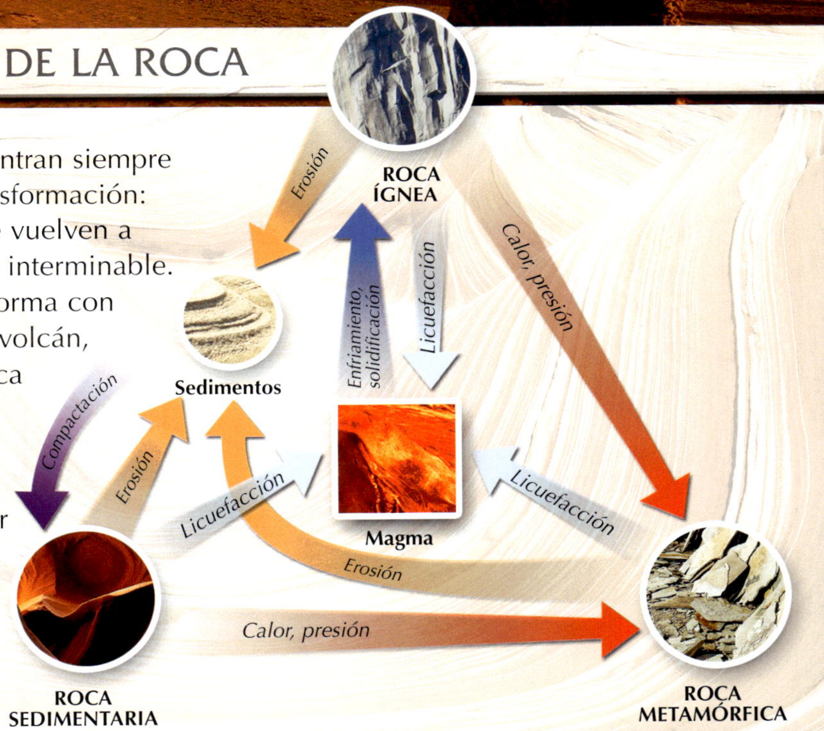

Roca metamórfica

Cuando la roca ígnea o sedimentaria experimenta modificaciones –por ejemplo, es cocida por el magma caliente o presionada por los movimientos de las placas litosféricas– se forma la roca metamórfica. La roca sedimentaria caliza se transforma, con el calor y la presión, en una roca metamórfica, como el mármol (abajo).

Minerales

Los minerales son sustancias básicas naturales compuestas normalmente por dos o más elementos químicos, como el silicio, el calcio, el hierro o el sodio. Los minerales se originan cuando elementos en estado gaseoso o líquido se vuelven sólidos, formando cristales.

El cuarzo es un componente importante de la mayoría de las rocas ígneas y metamórficas.

La hematites está compuesta por hierro y oxígeno. Ha sido explotada como fuente de hierro.

La malaquita suele presentar bandas verdes, en tonalidades que van del claro al oscuro.

RÍOS Y COSTAS

DELTA: *acumulación de sedimentos depositados por un río en su desembocadura, cuando su corriente disminuye de velocidad.*

La fuerza del agua de los ríos y océanos da forma a la superficie del planeta. Es capaz de desprender trozos de roca, horadar valles y abrir cuevas y bahías, conformar cabos o hendir brechas en el suelo, arrastrando a su paso parte de él y depositándolo en forma de sedimentos para formar deltas, playas y marismas. La desintegración gradual de las rocas por agentes atmosféricos, biológicos y químicos se denomina meteorización. Su desgaste por acción de procesos exógenos, como las corrientes superficiales de agua o un glaciar, el viento o la acción de los seres vivos, se denomina erosión.

FORMACIÓN DE LA COSTA

Cuando las olas rompen en la costa, arrojan arena y piedras en la roca blanda y van abriendo una bahía. La roca dura se conserva más tiempo y sobresale por encima del nivel del mar en forma de paredes aisladas. El agua va después ahuecando los laterales de estas paredes y se forman arcos. Con el tiempo, la parte superior se cae, dejando en el agua esbeltas columnas de piedra.

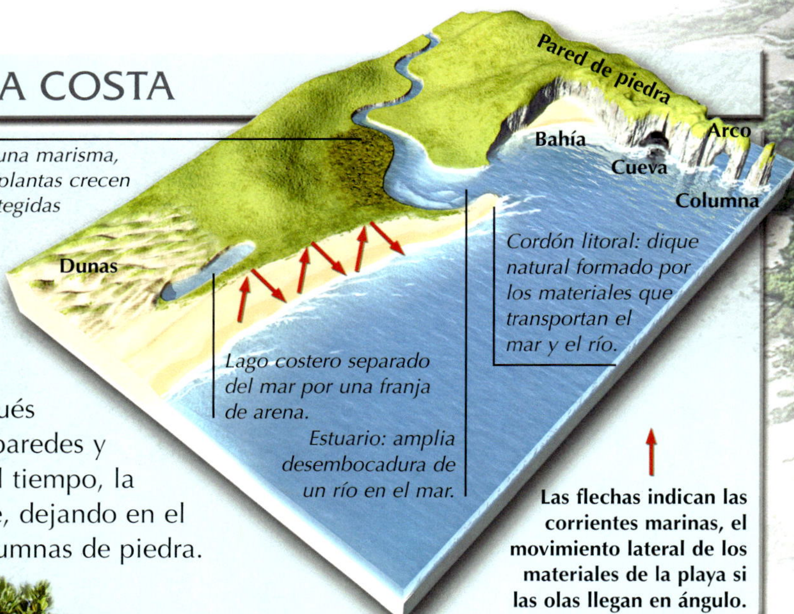

Las flechas indican las corrientes marinas, el movimiento lateral de los materiales de la playa si las olas llegan en ángulo.

Manglares

En el Parque Nacional de Everglades (Florida, EE. UU.), los manglares protegen la costa frente a las fuertes olas y las tormentas. Las enmarañadas raíces de los árboles les ayudan a mantenerse en pie durante los ciclones, frenan el fango y ayudan a formar nuevo suelo.

Delta del Nilo

En 1971 se construyó una presa en el río Nilo, cerca de la ciudad de Asuán. La presa genera electricidad y suministra agua para los cultivos, pero también detiene el transporte de los sedimentos hasta el delta. Por ello, los márgenes exteriores del delta sufren el desgaste cada vez mayor del mar, y el suelo es castigado con una excesiva salinización.

> Las mareas son causadas por la fuerza de atracción entre la Luna y el Sol, mientras que las olas son provocadas por el viento.

Autopistas de agua

Los ríos recorren cientos de kilómetros y atraviesan terrenos muy diferentes. El agua transporta sedimentos que van esculpiendo, a su paso, cerradas curvas llamadas meandros. La forma y la ruta del río y de sus canales secundarios dependen del tipo de tierra por el que discurren, así como de la inclinación del suelo.

Este río, en Kimberley, Australia Occidental, serpentea a través de una llanura, a la que inunda con sus crecidas.

Esta imagen de satélite muestra el delta del Nilo en forma de abanico.

«Lamento tener que comunicar: Titanic hundido esta mañana después de colisión con iceberg, muchas muertes causadas. Detalles más tarde»

Joseph Bruce Ismay (1862–1937)

Superviviente del Titanic, en un mensaje enviado a Nueva York después de que se produjera el desastre en el año 1912

CALOTA: *capa de hielo que cubre grandes extensiones de tierra.*

Ríos de hielo

Los glaciares se forman cuando se acumula mucha nieve en un valle de montaña y, con la presión, el hielo se compacta en su base. Con el peso, el glaciar desciende por el valle y abre hondos surcos en todo su recorrido. Cuando llega a zonas más cálidas, va derritiéndose poco a poco y deposita la tierra que ha ido recogiendo por el camino.

El glaciar Sawyer en Alaska, EE. UU.

EL HIELO EN LA TIERRA

Cuando la temperatura del agua desciende por debajo de los cero grados, se congela y queda en estado sólido, conviertiéndose en hielo. En la Antártida, la temperatura es tan baja que el suelo está cubierto por una calota de hielo permanente; en el Polo Norte, donde no hay tierra, es el mismo océano Ártico el que se encuentra en perpetuo estado de congelación. En otras frías regiones del planeta, desde la cima de las montañas fluyen, lentamente, extáticos ríos de hielo llamados glaciares, los cuales, a medida que avanzan ladera abajo, van desprendiendo rocas y las arrastran, labrando a su paso profundos valles.

Un grupo de turistas en la Antártida observa un enorme iceberg volcado cerca de la isla Enterprise.

> Cerca del 10 % de la superficie terrestre está cubierta por hielo. El 12 % del agua de los océanos está congelada.

Historia en las rocas

Las cicatrices que dejan los glaciares en el terreno nos permiten hoy en día saber por dónde pasó un glaciar en otro tiempo, cuál fue su tamaño y qué dirección llevaba. Los grandes glaciares, al tener un mayor peso, hienden el terreno con una fuerza que abre grietas más amplias y profundas.

ESTUDIO DE UN GLACIAR

Las personas que estudian los glaciares y el hielo se llaman glaciólogos. El estudio de esta parte de la geología revela muchos datos acerca del clima de la Tierra en el pasado, así como sobre el clima actual. Alrededor del 75 % del agua dulce del planeta forma parte de los glaciares y de las capas de hielo.

Este glaciólogo usa crampones y piolets para moverse por el glaciar y poder examinar su estructura.

Icebergs

En las regiones polares, flotan en el océano enormes trozos de hielo llamados icebergs, que se han desprendido de los glaciares y de las capas de hielo. Dado que el hielo apenas flota, alrededor del 90 % de un iceberg se oculta bajo el agua. La parte no visible de un iceberg es una peligrosa amenaza para los barcos en aguas polares.

EL AIRE DE LA TIERRA

La Tierra está rodeada por una fina capa de gases, llamada atmósfera, que hace posible la vida en el planeta, pues proporciona aire respirable para los seres vivos, protege a la Tierra del calor y el frío extremos y absorbe los dañinos rayos del Sol. La atmósfera contiene una mezcla de gases en la que prevalece el nitrógeno (que sale de los volcanes), seguido del oxígeno (que generan las plantas).

> **OXÍGENO**: *gas que producen las plantas y que todos los seres vivos respiran.*

Satélite oceanográfico

Jason 2 es un satélite oceanográfico que registra el nivel del mar y la distribución de calor en los océanos, información que nos permite realizar predicciones meteorológicas precisas, observar el cambio climático y estudiar cómo se interrelacionan los océanos y la atmósfera.

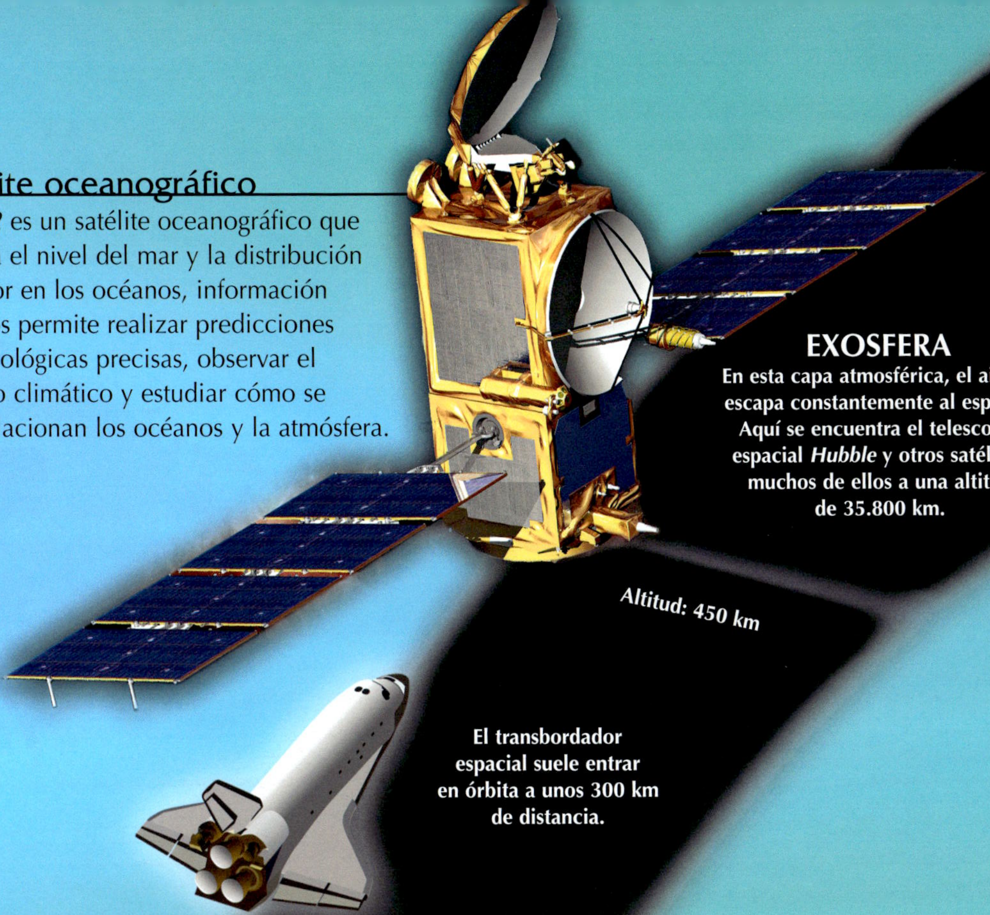

EXOSFERA

En esta capa atmosférica, el aire se escapa constantemente al espacio. Aquí se encuentra el telescopio espacial *Hubble* y otros satélites, muchos de ellos a una altitud de 35.800 km.

Altitud: 450 km

El transbordador espacial suele entrar en órbita a unos 300 km de distancia.

La aurora boreal

En el cielo nocturno de las regiones polares se pueden admirar luces de un brillo espectacular: la aurora boreal. Son la consecuencia de la radiación del Sol, que, al incidir en las capas exteriores de la atmósfera, originan corrientes eléctricas que hacen que los gases de la atmósfera brillen.

Estrellas fugaces

Las estrellas fugaces son meteoros, restos de un cometa que entran en la atmósfera terrestre a gran velocidad. Aunque nada más entrar comienzan a desintegrarse, van dejando atrás estelas de luz brillante. La mayoría de las «lluvias de estrellas» muestran varios meteoros por hora.

TERMOSFERA

Ésta es la capa más caliente de la atmósfera. Alcanza temperaturas de hasta 1.500 °C en la zona superior. La Estación Espacial Internacional, el transbordador espacial y algunos satélites orbitan alrededor de la Tierra en esta capa.

La antesala del espacio

La atmósfera tiene unos 1.000 km de espesor, y se divide en cinco capas de acuerdo con la temperatura que se registra en cada una de ellas. Cuanta mayor es la altitud, menos respirable es el aire; por eso los escaladores llevan consigo un suministro de oxígeno cuando suben a la cumbre de una montaña.

Desde una nave espacial, la atmósfera se percibe como una delgada línea azul alrededor del planeta. La luz roja de la imagen es el sol poniente.

Cuando alcanza los 45 km de distancia, el transbordador espacial se desprende de dos cohetes, y a los 100 km se deshace del gigante depósito de combustible.

Altitud: 80 km

MESOSFERA

En esta capa se encuentran gases que son demasiado ligeros para absorber el calor del Sol, y por lo tanto se trata de la capa más fría de la atmósfera. La temperatura llega a descender a los –120 °C en la franja más alta. Los meteoros procedentes del espacio exterior tienden a desintegrarse en esta capa.

Altitud: 50 km

ESTRATOSFERA

Contiene alrededor del 19 % del aire de la Tierra. En la parte superior la temperatura es más alta debido a la energía de la luz ultravioleta que absorbe la capa de ozono. La temperatura oscila entre los –60 °C en la parte inferior y los 10 °C en la superior.

La capa de ozono de la estratosfera absorbe gran parte de los rayos ultravioletas del sol.

Altitud: 11 km

TROPOSFERA

La troposfera contiene alrededor del 80 % del aire del planeta. Las condiciones atmosféricas se concentran en esta capa.

Los grandes aviones de pasajeros suelen volar a una altitud de entre 7,5 y 14 km.

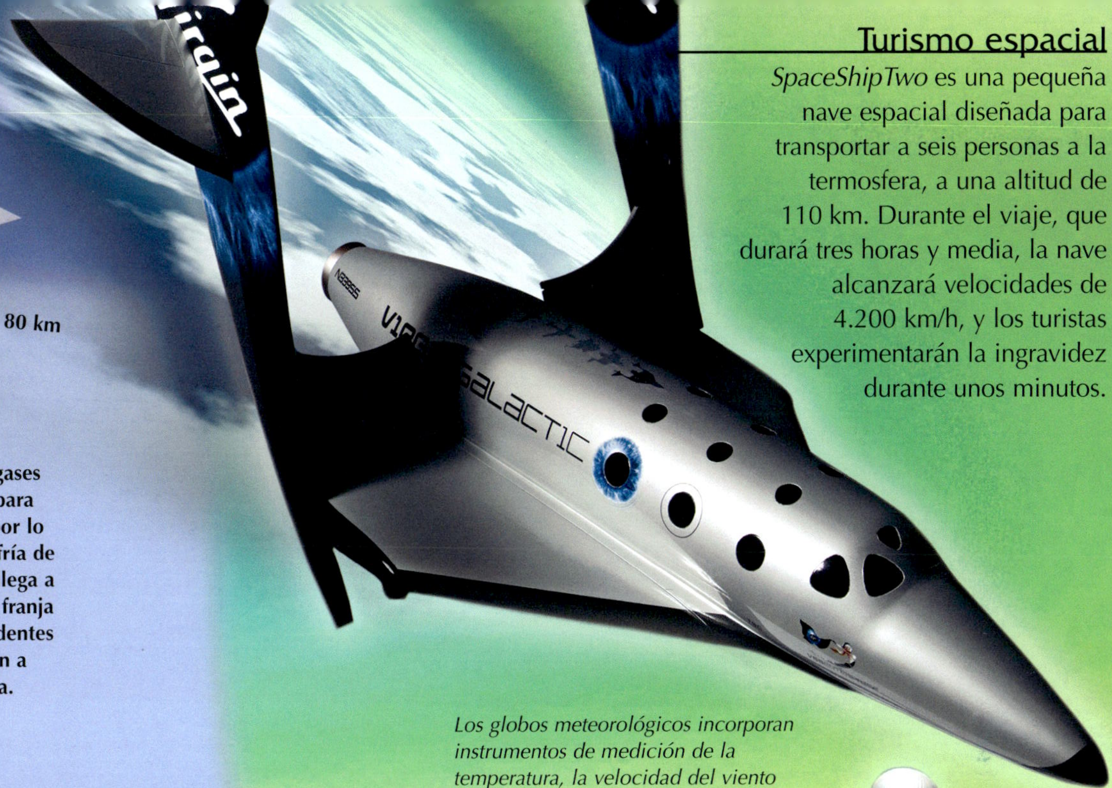

Turismo espacial

SpaceShipTwo es una pequeña nave espacial diseñada para transportar a seis personas a la termosfera, a una altitud de 110 km. Durante el viaje, que durará tres horas y media, la nave alcanzará velocidades de 4.200 km/h, y los turistas experimentarán la ingravidez durante unos minutos.

Los globos meteorológicos incorporan instrumentos de medición de la temperatura, la velocidad del viento y la presión del aire. Ascienden hasta los 35 km y están provistos de un pequeño paracaídas para, una vez que explota el globo, hacer llegar los instrumentos al suelo con seguridad.

Súper avión

El superavión SR-71 «Blackbird» fue una de las aeronaves más rápidas y de mayor altitud en vuelo jamás construidas. Podía alcanzar los 3.540 km/h –más de tres veces la velocidad del sonido– y subir hasta los 26 km sobre el nivel del mar. Este modelo fue un avión espía americano utilizado en la década de 1960 durante la guerra de Vietnam. Su construcción, principalmente de titanio, le permitía resistir el calor generado por la fricción durante el vuelo supersónico.

> La atmósfera contiene un 76 % de nitrógeno, un 21 % de oxígeno y un 3 % de otros gases, como, por ejemplo, el dióxido de carbono.

EL CICLO DEL AGUA

El calor inconstante del Sol provoca cambios de temperatura que hacen que el aire y el agua se desplacen y se transformen. Por eso existen las nubes, el viento y diferentes climas en cada región del planeta. El tiempo atmosférico cambia constantemente, sobre todo por causa del agua de la superficie terrestre, pues ésta no desaparece, sino que se transforma y muta en un interminable ciclo del cielo a la tierra.

AGUA FREÁTICA: *agua acumulada en el subsuelo. En lugares sin agua corriente, se excavan pozos para sacar esta agua subterránea.*

Condensación

El vapor de agua se va elevando en el aire y, cuando disminuye la temperatura, vuelve a condensarse y se forman gotas de agua. Dicha transformación se conoce como condensación. Las diminutas gotas se agrupan y forman las nubes.

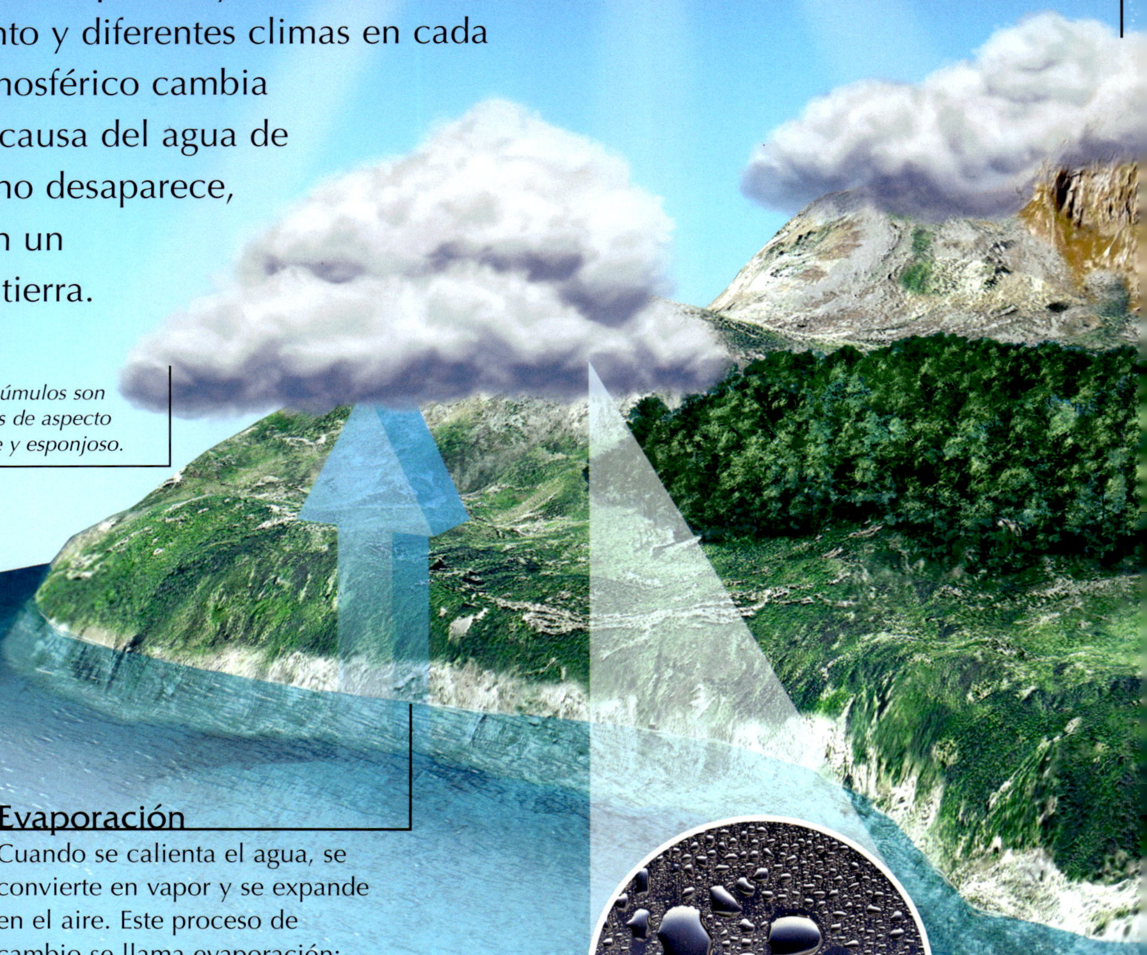

Los cúmulos son nubes de aspecto suave y esponjoso.

Imagen de satélite del hemisferio Norte que muestra una corriente nubosa sobre Egipto y el mar Rojo.

Los cirros son nubes formadas por un fuerte viento que sopla a más de 200 km/h, a unos 10 km de altitud. Hay dos corrientes de viento principales (una en cada hemisferio), y ambas mueven grandes masas de aire, con importantes repercusiones en el clima.

Evaporación

Cuando se calienta el agua, se convierte en vapor y se expande en el aire. Este proceso de cambio se llama evaporación: como la densidad del aire caliente (donde se encuentra el agua evaporada) es menor, el vapor es también más ligero que el agua líquida, por lo que tiende a subir en la atmósfera.

Con el frío, el vapor se condensa, formando gotas de agua. Un proceso similar tiene lugar en la formación de las nubes.

> Un millón de minúsculas gotitas de agua en una nube forman una sola gota de lluvia.

La lluvia

Las nubes están formadas por diminutas gotas de agua, tan ligeras que flotan suspendidas en el cielo, pero, cuando se unen, van formando gotas más grandes cuyo peso las hace precipitarse al vacío.

Un ciclo incesante

Con el calor del Sol, el agua que hay en el mar, en la tierra y hasta en los seres vivos se evapora y se eleva hasta alcanzar una altitud en la que, debido al frío, vuelve a condensarse y forma nubes. Esta agua acabará cayendo de nuevo a la superficie, y, al ser calentada por el sol, volverá a evaporarse, siguiendo un ciclo incesante.

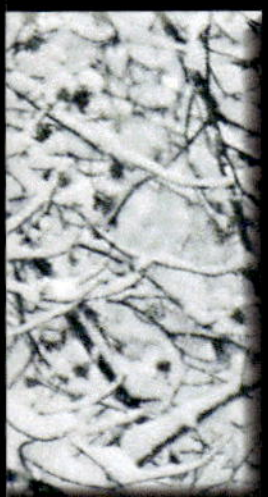

TIEMPO DE TORMENTA

FRENTE: *punto de encuentro entre dos grandes masas de aire de diferente temperatura.*

Cada cierto tiempo, la atmósfera es escenario de tormentas violentas causadas por fuertes vientos, así como por enormes nubes que se mueven en remolino a gran velocidad. Estos fenómenos extremos suelen ir acompañados por intensas lluvias, ventiscas, inundaciones, truenos y relámpagos, y el viento arremete con tanta violencia que es capaz de destruir todo a su paso. En las zonas cálidas tropicales, las tormentas se producen por el calor y la humedad del aire. En áreas más frías, la causa suele ser un frente en el que se encuentran dos enormes bloques de aire frío y caliente.

CICLONES

Los ciclones (también llamados huracanes) se forman sobre océanos cálidos. El sol calienta el aire húmedo, que asciende, se condensa y produce la energía suficiente para crear nubes de tormenta que se arremolinan alrededor de un eje de baja presión, un centro llamado «ojo». Al llegar a tierra, el ciclón se queda sin humedad (sin fuente de energía) y comienza a desvanecerse.

Corte transversal de un huracán

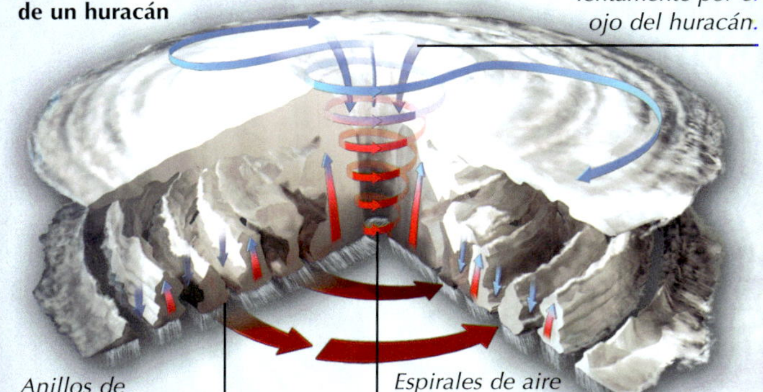

Tormentas de nieve

Las nevadas en las que cae una nieve fina, en polvo, acompañada de bajas temperaturas y fuertes vientos, se llaman nevascas. Los copos de nieve vuelan por el aire, arremolinándose y dificultando la visibilidad. El viento puede llevarse la nieve y acumularla en grandes montones.

Tormentas de arena

Bastan unos pocos minutos de viento para levantar este enorme muro de arena y polvo, que se desplaza rápidamente hacia un mercado de ganado en Sudán, África. Este tipo de tempestades de arena se conocen como *haboob*.

> En todo el mundo, se producen 50.000 tormentas al día. En Estados Unidos se registran cerca de 1.000 tornados al año.

«¡No estamos en el suelo, Totó!
... ¡Tenemos que estar en el interior del tornado!»

Dorothy hablando a su perro *Totó*

***Personajes de la película de 1939* El mago de Oz**

El tornado que destruyó esta casa, en Iowa, EE. UU., arrasó varios estados en mayo de 2008.

Tornados

Un tornado es una columna de aire que gira sobre sí misma con una fuerza destructiva. Está en contacto con el suelo y con una nube cumulonimbo llamada supercelda. Se forma cuando vientos que soplan a diferentes niveles de la atmósfera y proceden de distintas direcciones hacen girar la nube como una peonza. El tornado va aspirándolo todo a su paso, y alcanza velocidades de hasta 400 km/h.

BACTERIA: *microorganismo unicelular que constituye la especie orgánica más abundante del planeta.*

Los volcanes arrojaban gases tóxicos, y los asteroides y las tormentas eléctricas castigaban el planeta.

Algas verdes

Las bacterias unicelulares fueron los primeros organismos vivos de la Tierra.

Estromatolitos, estructuras de microorganismos que construyen arrecifes en mares cálidos y poco profundos.

La vida salió a la superficie hace unos 400 millones de años, durante el Paleozoico.

En la era mesozoica, los reptiles dominaban la tierra. Los mamíferos, que eran semejantes a ratas, aparecieron hace unos 200 millones de años.

Tyrannosaurus Rex *tenía unos brazos diminutos, pero contaba con unas poderosas mandíbulas repletas de afilados dientes.*

Triceratops *usaba sus afilados cuernos para defenderse. Los machos también los empleaban para luchar por el dominio de la manada.*

¿Cómo surgió la vida en la Tierra?

Muchos científicos sostienen que la vida comenzó en la profundidad de la corteza terrestre, probablemente bajo hirvientes océanos, donde sobrevivieron organismos microscópicos en condiciones extremas.

Primer pájaro

Archaeopteryx vivió hace 150 millones de años, al final del período Jurásico. Es similar a los dinosaurios y nos muestra que las aves pudieron descender de los dinosaurios.

VIDA EN LA TIERRA

La vida surgió en el planeta hace unos 3,8 mil millones de años. Durante unos dos mil millones de años, sólo hubo microorganismos unicelulares, algunos muy parecidos a las bacterias. Hace 600 millones de años, por fin, la vida comenzó en el agua. Con el tiempo, aquellos animales marinos salieron a tierra firme, evolucionaron y se diversificaron hasta poblar todo el planeta.

Dinosaurios

Los dinosaurios dominaron el mundo durante más de 150 millones de años, desde el período Triásico hasta el Cretácico. Hubo al menos mil tipos diferentes de dinosaurios, y treinta veces más herbívoros que carnívoros.

> Las primeras formas de vida proceden, probablemente, del espacio, y fueron transportadas hasta aquí por asteroides o meteoroides.

Historia de la vida

Los científicos han reconstruido el pasado y han estudiado el desarrollo de la vida datando rocas y estudiando restos fosilizados. Sólo una pequeña parte de los seres vivos se fosilizaron, razón por la que existen muchas lagunas en nuestro conocimiento del pasado. En cualquier caso, los fósiles muestran que los peces evolucionaron a anfibios, lo cual dio lugar a los primeros animales terrestres, los reptiles. Las aves y los mamíferos evolucionaron a partir de los reptiles.

Selección natural

Poco a poco, los seres vivos se fueron adaptando a su entorno. Las especies que mejor lo hicieron sobrevivieron y transmitieron sus mutaciones genéticas a las siguientes generaciones, y las demás especies se extinguieron. Charles Darwin y Alfred Russel Wallace fueron los primeros, en el siglo XIX, en estudiar este mecanismo de selección natural.

Darwin observó que la forma del pico de los pinzones de las Islas Galápagos era diferente, y que dependía de su alimentación.

El nacimiento del hombre

Los fósiles de nuestros ancestros muestran que el tamaño del cráneo fue aumentando gradualmente para poder albergar un cerebro más grande. Los huesos de la cadera se modificaron para poder caminar erguidos, lo cual les dejaba las manos libres para poder utilizar herramientas. Se cree que el género humano evolucionó en África.

Los primeros anfibios evolucionaron a partir de los peces. Como se habían adaptado para poder respirar fuera del agua, podían vivir tanto en el mar como en tierra.

Los dinosaurios más grandes fueron los saurópodos, herbívoros como, por ejemplo, Diplodocus.

Los dinosaurios se extinguieron al final del Cretácico, de acuerdo con la hipótesis más extendida, a causa de la colisión de un meteorito.

En la historia del planeta ha habido varias glaciaciones.

En el Cenozoico, los mamíferos se diversificaron. Durante el Neógeno el clima se enfrió y se extendieron las praderas; fue entonces cuando aparecieron los primeros simios, nuestros parientes más cercanos.

Las tortugas aparecieron hace más de 220 millones de años, en los primeros tiempos de los dinosaurios.

OCÉANOS

El agua cubre más del 70 % de la superficie terrestre. Los vastos océanos esconden espectaculares paisajes de imponentes cordilleras, profundos valles y extensas llanuras que, como en el exterior, albergan un variadísimo catálogo de plantas y animales. El agua oceánica influye directamente en el clima, pues absorbe el calor del sol y lo distribuye a través de las corrientes submarinas.

El delfín mular utiliza la cola para impulsarse y saltar por encima del agua.

Aguas luminosas

La parte superior del océano, desde la superficie hasta unos 100-150 m de profundidad, es la que recibe más luz y calor. Sólo aquí pueden crecer las plantas, y es en esta zona donde se mueven la gran mayoría de los depredadores, pues la luz les permite ver bien a la presa.

El tiburón ballena es el pez más grande del planeta. Se alimenta únicamente de plancton.

La estructura básica de los arrecifes de coral la conforman los esqueletos de diminutos animales llamados pólipos. Éstos, cuando están vivos, colonizan los esqueletos de sus congéneres y se instalan en ellos. Sólo pueden vivir a menos de 30 cm de la superficie, en aguas cálidas y limpias, pues las algas que albergan en su interior –de las cuales se alimentan– necesitan la luz del sol para realizar la fotosíntesis.

La tortuga verde posee unas aletas perfectas para nadar bajo el agua. Pasa casi toda su vida en el mar, aunque las hembras ponen los huevos en tierra firme.

Aguas en penumbra

La parte menos profunda de esta zona recibe la luz del sol durante el día, pero, a unos 1.000 m bajo la superficie del mar, reina una total oscuridad. Los rayos del sol no alcanzan esta profundidad, por lo que muchos de los animales que habitan aquí generan luz propia, bien para camuflarse, para conseguir alimentos o para buscar pareja. Dado que no hay plantas, los animales se alimentan de otras especies, aunque también aprovechan los restos de las plantas que se hunden.

> CORRIENTE OCEÁNICA: *corriente que avanza tanto por la superficie como en las profundidades oceánicas.*

Espacios diferentes

En el mar, tanto en la superficie iluminada por el sol como en las oscuras aguas abisales, hay vida. Cada especie está especialmente adaptada a las diferentes condiciones de temperatura, luz y salinidad, aunque la mayoría habitan en los primeros 100-150 m.

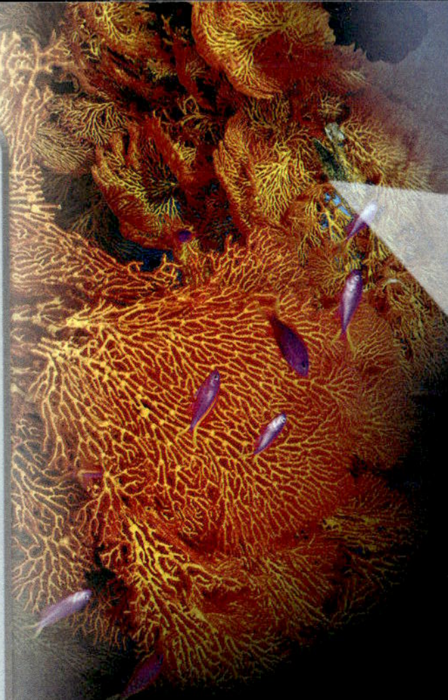

En las profundidades marinas, el agua hirviente que brota de las fuentes hidrotermales hace que el área que se encuentra alrededor suyo sea muy productiva biológicamente: las bacterias obtienen energía de los productos químicos que se expulsan en estas fuentes, y en la cadena alimenticia sirven de alimento a animales como los gusanos de tubo gigantes. Este tipo de bacterias puede resistir temperaturas más altas que ningún otro organismo.

El dragón de mar, un pariente del caballito de mar, es un experto del camuflaje; sus aletas carnosas hacen que pueda confundírsele con un alga marina.

Los peces lofiformes han incorporado un apéndice alargado con la punta brillante que sirve para atraer a la presa hacia ellos.

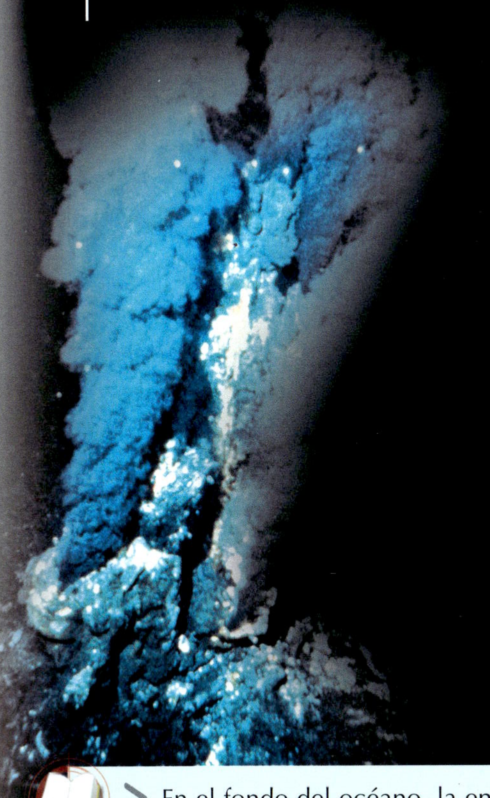

Aguas oscuras

La zona más oscura del océano se extiende hasta los 6.000 m de profundidad e incluso más. Los pepinos de mar cubren el fondo del océano, y se alimentan de pequeños trozos de alimento que encuentran en el barro, pues, como muchos de los animales que habitan las profundidades marinas –esponjas, anémonas o gusanos de tubo–, simplemente esperan a que caiga el alimento desde zonas menos profundas.

Por sus aletas, que se proyectan desde la parte superior de su cuerpo y parecen grandes orejas, este animal se conoce como pulpo Dumbo. Vive entre los 3.000 y los 4.000 metros de profundidad, donde caza gusanos, crustáceos y otros animales pequeños.

El isópodo gigante se parece mucho a una cochinilla, aunque tiene el tamaño de un ladrillo. Vive en el océano Antártico, y allí se alimenta de desechos de comida que encuentra en el fondo marino.

> En el fondo del océano, la enorme presión del agua podría reducir una taza de poliestireno al tamaño de un dedal.

DESIERTOS

Los desiertos, los lugares más secos del planeta –reciben menos de 250 mm por metro cuadrado de lluvia anuales–, constituyen casi un tercio de la superficie continental. Durante el día el calor es extremo, pero, al caer la noche, la temperatura desciende en picado hasta bajo cero, pues son escasas las nubes y las plantas que pueden conservar el calor a ras del suelo. Los fuertes vientos, la dura roca y las cambiantes dunas convierten los terrenos desérticos en un entorno hostil para los seres vivos.

MEDIO AMBIENTE: *área con determinadas características físicas y condiciones climáticas.*

Este gigante saguaro, que se encuentra en el desierto de Sonora, en Arizona, EE.UU., desarrolló sus brazos cuando tenía 75 años (puede llegar a vivir más de 200 años). Cuando llueve, los surcos que lo atraviesan se abomban para que el cactus pueda, de este modo, absorber la mayor cantidad de agua posible.

Oasis

En unos pocos lugares del desierto, el agua sale a la superficie y permite la vida de algunas plantas, y se crea un oasis. El agua suele proceder de la lluvia que cae en montañas de otras áreas y que se desplaza en el subsuelo a través de las rocas.

El Lago de la Media Luna es un oasis natural en el desierto del Gobi, en China. También pueden crearse oasis artificiales perforando pozos en lugares donde el nivel freático del agua está cerca de la superficie.

Plantas del desierto

Las plantas tienen que ser muy resistentes para sobrevivir en un desierto, ya que no pueden esconderse del sol como los animales. Almacenan agua en el tallo o en las hojas, y absorben la humedad del suelo extendiendo sus raíces a una gran profundidad. Algunas especies sobreviven dejando sus semillas enterradas en el suelo del desierto; de este modo, cuando se produzca una tormenta estarán listas para brotar.

> En un saguaro gigante hay suficiente agua como para llenar 1.000 bañeras.

Desierto de dunas

En algunos desiertos como el de Sahara, el viento crea los llamados ergs, zonas donde la arena se acumula en dunas que se van desplazando y que cambian de forma continuamente, por lo que el paisaje nunca es el mismo. La forma de una duna depende de la cantidad de arena que contenga, así como de la velocidad y la dirección del viento. Los barjanes, dunas con forma de media luna, se crean cuando el viento sopla desde una dirección única. Las dunas longitudinales tienen una disposición en el desierto paralela al viento predominante.

«Un día, tuvimos que avanzar en medio de una tormenta [de arena] ... Parar hubiera significado morir enterrados. Los camellos lo sabían instintivamente, y seguían avanzando a pesar del terrible azote de arena»

Ahmed Hassanein (1889–1946)

Político y explorador egipcio, en los escritos sobre sus viajes por el desierto de Libia

Las dunas de arena en el desierto del Sahara, el mayor desierto del mundo, ocupan una superficie casi tan grande como el país de Estados Unidos.

ANIMALES DEL DESIERTO

La mayoría de los animales del desierto sobreviven con muy poca agua, pues a menudo les basta con la contenida en los alimentos que ingieren. Las ratas canguro no beben nada de agua: durante el día, evitan el calor en su madriguera, y salen en busca de comida por la noche. Los camellos almacenan grasa en sus jorobas hasta que necesitan de ella. Un camello tiene las pezuñas anchas para evitar hundirse en la arena y las pestañas largas para que no le entre arena en los ojos.

La escamosa piel de los reptiles previene la pérdida de agua. Estos animales pueden soportar temperaturas más altas que las aves o los mamíferos.

El zorro del desierto irradia el exceso de calor corporal al exterior por medio de sus grandes orejas.

Sabanas

Las sabanas son praderas tropicales de África, India y Australia; en la sabana africana, habitan algunos de los animales más grandes del planeta –como los elefantes o las jirafas–. En estas praderas cálidas hay estaciones húmedas y secas, y los animales migran siguiendo las lluvias para no quedarse sin hierba con la que alimentarse.

> **DEPREDADOR:** *animal que caza animales de otras especies para alimentarse de ellos.*

PRADERAS

Las praderas ocupan cerca de una cuarta parte de la superficie del planeta, y se localizan en áreas que se extienden desde un bosque húmedo hasta un desierto. Pocos árboles sobreviven en las praderas, pues el clima es seco y el suelo, muchas veces, poco fértil. Además, los incendios y los animales que pastan en estas zonas detienen el crecimiento de los árboles jóvenes, por lo que es fácil que estos terrenos se expandan. En las praderas habita una gran variedad de grandes herbívoros, así como los depredadores que se alimentan de ellos y los carroñeros que dan cuenta de sus restos.

El hogar de la llama

En las altas planicies de los Andes, en América del Sur, la pradera constituye un hábitat perfecto para las llamas, animales que fueron domesticados por los incas hace unos 6.000 años. Hoy en día se utilizan para transportar provisiones, y de ellas se obtiene lana y carne.

> Los termiteros pueden llegar a contener hasta 20 millones de termitas y alcanzar la altura de una jirafa.

Las cebras viven en manada en las praderas de África. Comen la parte más alta y dura de las hierbas, permitiendo de este modo que crezcan nuevos brotes.

PRADERAS TEMPLADAS

Las praderas templadas se encuentran en los Grandes Llanos de América del Norte (las grandes praderas), en América del Sur (la pampa) y en Asia central (las estepas). Suelen ser regiones de interior o crecer al pie de montañas altas, donde llueve menos. Estos terrenos son ideales para el pastoreo o para sembrar cultivos como el trigo y el maíz.

Este granjero utiliza camellos para segar las estepas de Mongolia, Asia.

Incendios

Frecuentemente, las tormentas eléctricas provocan incendios al final de la temporada seca, pues la hierba prende entonces con facilidad y arde rápidamente. Los incendios destruyen árboles y otras grandes plantas de crecimiento lento, pero la hierba vuelve a crecer enseguida. Otras veces, los incendios son provocados para fomentar el crecimiento de las gramíneas y crear más tierras aptas para cultivos o ganado.

Los termiteros en la sabana africana proporcionan alimento a los zorros orejudos, que usan su afinado oído para detectar a sus presas.

Los termiteros

Las termitas construyen sus enormes nidos en las praderas tropicales. Utilizan saliva y excrementos, con los que forman una sólida construcción endurecida por el calor. En el interior del termitero habitan millones de termitas, que se alimentan de materiales en descomposición o bien los utilizan como abono para cultivar hongos, otro suculento plato de su menú.

BOSQUES

Hace miles de años, los bosques cubrían aproximadamente la mitad de la superficie del planeta, mientras que hoy ocupan menos de un tercio. Poco a poco, el hombre ha ido explotando sus recursos, devastándolos para ceder espacio a granjas y ciudades. Sin embargo, los bosques proporcionan alimento, agua y refugio a una enorme variedad de especies salvajes. Equilibran la temperatura global, contribuyen en el ciclo del agua y regulan la cantidad de oxígeno y dióxido de carbono de la atmósfera.

El techo de la selva

Muchos de los animales que habitan en la selva viven en las copas de los árboles, a unos 40 metros sobre el suelo. Esta zona recibe la mayor parte de la lluvia y el sol, por lo que animales como monos y aves disfrutan de una mayor cantidad de hojas, flores y frutos.

Algunos árboles se elevan por encima de los demás y forman la «capa emergente».

Selvas

Las selvas se sitúan en la franja ecuatorial, donde el clima es cálido y húmedo durante todo el año. Sólo ocupan el 6 % de la superficie del planeta y, sin embargo, albergan más de la mitad de las especies de plantas y animales. Existen cuatro áreas principales de selva, localizadas en el centro y sur de América, en África, en el sudeste de Asia y en Australia.

> RECURSO NATURAL: *material natural que es aprovechado para su consumo, como la madera o plantas medicinales*

CLAVE

1. Suelo del bosque: capa oscura (recibe sólo entre el 1 % y el 2 % de la luz del sol).
2. Tarántula gigante: la araña más grande del mundo se alimenta de ranas, lagartos, ratones y hasta serpientes.
3. Jaguar: este felino acecha a jabalíes, ratas, ciervos y armadillos en los estrechos senderos de la selva.
4. Sotobosque: zona formada por arbustos, pequeños árboles y hierba; hábitat de insectos, ratones y aves.
5. Hormigas cortadoras de hojas: con ellas, fabrican los hongos de los que se alimentan.
6. Boa esmeralda: camuflada entre el verdor de la selva, esta serpiente utiliza sus afilados dientes para cazar.
7. Punta de hoja: la forma de esta hoja ayuda a desviar las gotas de lluvia, impidiendo el crecimiento de algas.
8. Epífita: planta que crece sobre otra usándola como soporte para obtener más luz, sin parasitarla.
9. Mono aullador rojo: se caracteriza por los sonidos que emite para advertir a otros monos de que deben permanecer fuera de su territorio.

OTROS BOSQUES

Existen también bosques en zonas templadas (bosques caducifolios) y en las regiones del norte (bosques de coníferas). Dependen del cambio de estaciones: en invierno, los animales migran a zonas más cálidas o hibernan, pasando varios meses en estado de letargo.

Las coníferas tienen hojas en forma de aguja para que la nieve no se pose sobre ellas, y producen semillas en forma de cono y agrupadas en piña.

Los árboles caducifolios poseen hojas anchas y planas que, a diferencia de las de las coníferas, cambian de color y se caen en otoño.

> La secuoya es el árbol más alto del mundo. Puede superar los 112 m, la altura de un edificio de 37 pisos.

> TUNDRA: *terreno abierto y llano en regiones frías y ventosas caracterizado por la falta de árboles.*

Pingüinos en el Polo Sur

Los pingüinos viven en la región cuyos límites marca el círculo polar antártico. Estas aves pasan la mayor parte de su vida en el mar; por eso, necesitan un denso plumaje impermeable y una gruesa capa de grasa que los mantenga calientes. Salen del agua para reproducirse y, en estas ocasiones, suelen formar enormes colonias de hasta un millón de pingüinos.

Su cola corta y rechoncha les sirve de soporte para mantenerse en pie. En el agua, la utilizan como timón.

Colonia de pingüinos emperadores en la Antártida

TIERRAS POLARES

Las zonas más frías del planeta son los polos; tanto es así que, en el Polo Norte, gran parte del océano Ártico está congelado, y el bloque de tierra que forma el continente antártico en el Polo Sur está cubierto por una extensa capa de hielo. El invierno es muy crudo en ambos extremos del planeta, y, en los cortos veranos, el sol nunca se pone. La tundra domina el paisaje de estas tierras, y a ellas acuden en verano muchos animales para alimentarse y criar, aunque sólo unos pocos pueden sobrevivir allí todo el año.

Vacaciones de verano

En verano, grandes rebaños de renos se adentran en las tierras llanas y desprovistas de árboles de la tundra del Ártico, pues es entonces cuando encuentran comida y pocos depredadores. En invierno, prefieren los bosques de coníferas situados más al sur, ya que allí pueden resguardarse del frío.

> La sangre de la mayoría de los peces de las aguas polares contiene sustancias químicas naturales que evitan que se congele.

Los polluelos se reúnen en grupos grandes para calentarse y afrontar mejor las tormentas de nieve. Sus padres, mientras, hacen largos viajes al mar para conseguir peces; cuando regresan, reconocen a sus crías por los agudos graznidos que emiten.

CAMUFLAJE

El grueso abrigo de piel del zorro polar cambia de color para permitirle pasar desapercibido ante sus presas (aves y ratones). En invierno, cuando el suelo está cubierto de nieve y hielo, el zorro luce un espeso pelaje blanco. En verano lo sustituye por un pelaje más fino y de un color gris amarronado, similar al que muestran las rocas y el suelo cuando se deshace el hielo.

Zorro polar en verano

Zorro polar en invierno

Vegetación polar

Debido al frío intenso, en la tundra no hay vegetación arbórea. Tan sólo sobreviven plantas como pastos, musgos y líquenes, que no pasan de 10 cm de altura, por lo que soportan el viento y mantienen la humedad.

El oso polar

Durante el gélido invierno, una hembra de oso polar da a luz a dos pequeños cachorros dentro de una madriguera abierta en la nieve. Allí permanecen escondidos durante seis meses, alimentándose de rica leche materna. La madre no abandona la madriguera hasta que los cachorros no son lo suficientemente fuertes como para acompañarla; hasta entonces, apenas come, y sobrevive gracias a la gruesa capa de grasa que ha almacenado durante el verano. Este manto de grasa también la ayuda a mantener el calor corporal.

Los cachorros permanecen junto a su madre durante uno o dos años. En este periodo practican las técnicas de caza observando a su madre cazar focas, y aprenden a conseguir alimento por ellos mismos.

RECURSOS NATURALES

El planeta nos proporciona recursos naturales a los que damos diferentes usos: desde combustibles y metales hasta gemas y materiales de construcción. Algunos de ellos, como el agua y la arena, son renovables (es decir, inagotables mientras se utilicen con inteligencia), mientras que otros, como el petróleo y el gas, son limitados y se agotarán algún día.

Rascacielos en el mar

Esta enorme plataforma, 170 m más alta que la Torre Eiffel, fue construida para extraer gas natural. Los grandes pilares sobre los que se apoya se sumergen 300 m, y hunden en el fondo unas largas tuberías que llegan hasta los depósitos de gas, enormes bolsas creadas de forma natural en la corteza terrestre. El gas, como el carbón y el petróleo, es un combustible fósil que se produce a partir de restos fósiles de plantas y animales.

Habitaciones de los trabajadores en la plataforma. A ella sólo puede accederse en helicóptero.

Plataforma de aterrizaje para helicópteros

Esta plataforma de gas, que se encuentra en el mar del Norte, tiene 472 m de altura (incluida la parte submarina) y pesa casi un millón de toneladas. Al igual que todas las plataformas, dispone de generadores de electricidad propios y convierte el agua salada en agua dulce.

Carbón

La mayor parte del carbón se formó a partir de plantas que crecían en pantanos hace unos 300 millones de años. Las plantas quedaron enterradas en el barro, donde el calor y la presión fueron convirtiéndolas en el carbón que actualmente extraemos en las minas.

> COMBUSTIBLE: *material que arde con facilidad y proporciona energía; por ejemplo, el carbón o la madera.*

MATERIAL DE CONSTRUCCIÓN

La mayoría de los materiales de construcción se obtienen de la tierra. Utilizamos arcilla para fabricar ladrillos y tejas; piedra, para levantar paredes y poner pavimentos; arena, para producir vidrio, y grava, para construir carreteras. El cemento aglutinante se obtiene calentando piedra caliza triturada y arcilla, y mezclando esto con arena y agua. Para obtener hormigón se añaden al cemento arena y grava.

Los ladrillos se pueden fabricar mezclando barro con agua y paja, secando los sólidos moldes al sol. Se obtienen así ladrillos de adobe.

CLAVE

1. **Buque auxiliar: transporta productos demasiado pesados para ser trasportados en helicóptero. Conecta con el robot submarino.**
2. **Robot submarino: inspecciona la plataforma, revisando los daños y llevando a cabo las reparaciones necesarias.**
3. **Caja de hormigón armado: une las patas, ayudando a reducir las vibraciones causadas por las olas que golpean la plataforma.**
4. **Tubos en el interior de las patas: transportan el gas hacia arriba para filtrarlo y después hacia abajo, donde se almacena.**
5. **Tuberías en el fondo marino: conducen el gas a una velocidad de hasta 3.000 km/h hasta una planta de procesamiento.**

> Los científicos calculan que el petróleo durará unos 50 años más, el gas natural 70 y el carbón 150-250.

CAMBIO CLIMÁTICO

El clima del planeta no es uniforme debido a que la Tierra no gira alrededor del Sol siguiendo una órbita concéntrica, sino que su trayectoria describe una elipse. Además, fenómenos como las erupciones volcánicas modifican la temperatura del aire. En la época de los dinosaurios, la temperatura era más alta y no había hielo en los polos, mientras que, hace tan sólo 18.000 años, gran parte de Europa y América del Norte estaban cubiertas por el hielo.

> CLIMA: *conjunto de condiciones atmosféricas que se dan en una misma región, repitiéndose bajo un mismo patrón.*

El hielo se derrite

El aumento de la temperatura está haciendo que se derritan las capas de hielo y los glaciares a gran velocidad. La consecuencia es un aumento en el nivel del mar que, si sigue progresando, significará el fin de muchas regiones costeras.

Calor en la Tierra

Algunos gases de la atmósfera, como el dióxido de carbono (CO_2), retienen parte del calor que llega a la superficie con los rayos del Sol, evitando que salga al espacio y actuando como el cristal de un invernadero. Los vehículos, las fábricas y los incendios son causantes del aumento en la proporción de estos gases, que están provocando un calentamiento global inusualmente rápido. Es probable que a finales del siglo XXI la Tierra se haya calentado unos 2–5 ºC más, y esto tendrá graves consecuencias para los seres vivos.

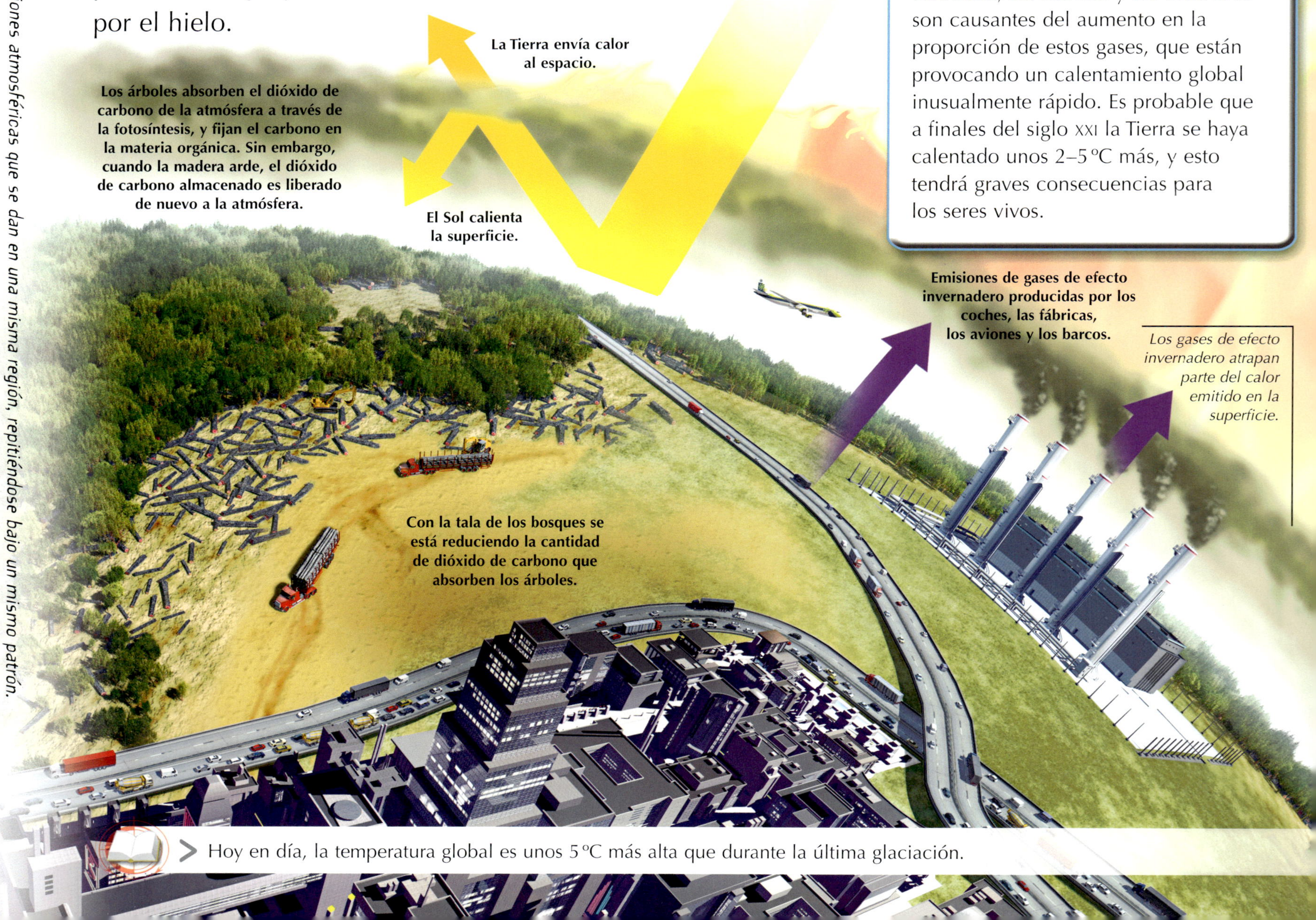

> Hoy en día, la temperatura global es unos 5 ºC más alta que durante la última glaciación.

El glaciar Viedma, en Argentina, podría desaparecer en 60 años. Como el hielo refleja el calor del Sol hacia el espacio, menos hielo en el planeta significa más calor en la Tierra.

El nivel del mar

El nivel del mar podría subir de 10 cm a 1 m hasta el año 2100. Las islas más pequeñas y de menor altitud, países como Bangladés o los Países Bajos, quedarían sepultados bajo el agua, y las inundaciones amenazarían a ciudades como Nueva York, Londres o Shanghai.

Las islas de menor altitud podrían ser barridas por las olas.

Condiciones extremas

Los ciclones, los tornados, las ventiscas y las fuertes tormentas son más frecuentes a medida que el planeta se calienta. Las diferencias de temperatura provocan fuertes lluvias e inundaciones en muchas zonas, mientras que en otras, como en Australia y África, se producen preocupantes sequías.

Una imagen de satélite muestra tres posiciones del huracán Andrew mientras azotaba las islas del Caribe y Estados Unidos.

«Lo que ha cambiado en Estados Unidos después del huracán Katrina es la conciencia de haber entrado en una etapa de consecuencias»

Al Gore (1948–)

Activista medioambiental y antiguo vicepresidente de Estados Unidos

Ecosistemas en peligro

La vida ha evolucionado durante millones de años, entre otros motivos para hacer frente a los cambios climáticos. Algunas especies se han extinguido, pero han aparecido otras nuevas preparadas para las nuevas condiciones. Sin embargo, si el clima cambia drásticamente, demasiadas especies se extinguirán en un abrir y cerrar de ojos. Hasta el 30 % o 40 % de las especies actuales podrían haber desaparecido en el año 2050.

Los arrecifes de coral, uno de los ecosistemas más ricos del planeta, desaparecerán si el mar se calienta demasiado.

Incendios forestales

Con una temperatura elevada, la vegetación se seca excesivamente, lo que aumenta el riesgo de incendios forestales, especialmente al final de un verano largo y caluroso. Cada vez se producen más incendios, en zonas más extensas y con mayor frecuencia. El dióxido de carbono que se libera aumenta aún más la temperatura, creando un desesperanzador círculo vicioso.

Cambio agrario

El calentamiento global afectará a los cultivos de diferentes partes del mundo. Productos como el maíz y la caña de azúcar no se adaptarían a las temperaturas elevadas. Por otro lado, las sequías en África, el sudeste asiático y China convertirían las tierras de cultivo en desiertos, llevando el hambre a millones de personas.

CUIDEMOS EL PLANETA

Hacia el año 2050, es probable que la población mundial haya aumentado hasta cerca de 9 mil millones de personas. Esta elevada cifra traerá consigo la escasez de los recursos naturales, la contaminación de la tierra, el mar y el aire, cambios en el clima y en los ecosistemas naturales, e incluso la desaparición de muchas especies. Por eso, es esencial que cuidemos el planeta.

> **RECICLAR:** *utilizar materiales usados para fabricar materiales nuevos.*

Para que nos hagamos una idea del agua que se desperdicia cada día, nos sirve el ejemplo de un grifo que gotea y por el que se podrían perder, gota a gota, 9.000 litros de agua en un año. Para ahorrar agua debemos ducharnos en lugar de bañarnos, cerrar el grifo mientras nos lavamos los dientes, no utilizar la lavadora ni el lavavajillas si no están llenos, y, sobre todo, ser conscientes de que el agua es un bien común que debemos compartir entre todos los seres vivos.

Coches del futuro

Las emisiones contaminantes de los automóviles han contribuido al cambio climático. Por eso han aparecido en el mercado los coches híbridos, que tienen una batería eléctrica y un motor de gasolina. La batería no produce emisiones, pero si, al recargarla, utilizamos la electricidad de una central que la genera a partir de combustibles fósiles, seguimos contaminando el medio ambiente. Sólo medios como la bicicleta aseguran un transporte ecológico.

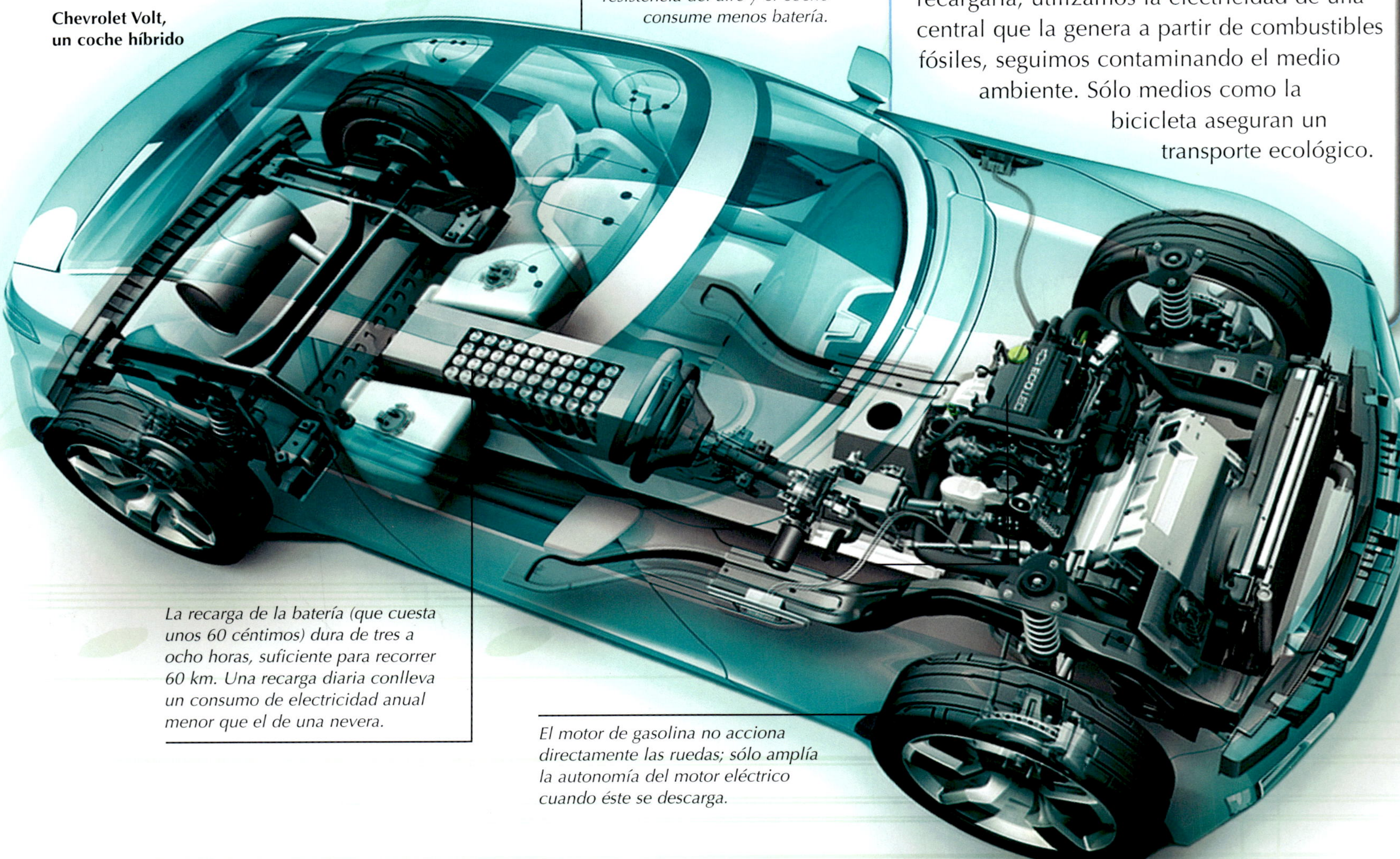

Chevrolet Volt, un coche híbrido

Al tener una línea aerodinámica, se reduce la resistencia del aire y el coche consume menos batería.

La recarga de la batería (que cuesta unos 60 céntimos) dura de tres a ocho horas, suficiente para recorrer 60 km. Una recarga diaria conlleva un consumo de electricidad anual menor que el de una nevera.

El motor de gasolina no acciona directamente las ruedas; sólo amplía la autonomía del motor eléctrico cuando éste se descarga.

> Al fabricar papel reciclado se consume la mitad de la energía y menos de un tercio del agua empleados con el papel nuevo.

Ahorro de energía

Dentro de cien años, los combustibles fósiles serán demasiado caros para poder consumirlos a diario. Por eso necesitamos fuentes de energía renovables, como el viento, el agua, el Sol o la roca caliente subterránea. Además, es necesario que aprendamos a ahorrar energía: hay que apagar el televisor cuando no se utiliza, así como el resto de los electrodomésticos; abrigarse en invierno en lugar de subir la calefacción; utilizar bombillas de bajo consumo y apagar las luces que no se utilicen, y evitar el aire acondicionado si su uso no es estrictamente necesario.

En un parque eólico los aerogeneradores producen suficiente electricidad para abastecer a miles de hogares sin contaminar el medio ambiente.

Un empleado de una empresa de reciclaje en Alemania inspecciona una montaña de botellas y frascos de vidrio. El reciclaje de una sola botella ahorra suficiente energía para mantener encendido un ordenador durante 25 minutos.

Reciclaje

Una persona genera su peso en basura mensualmente. Sin embargo, muchos de los residuos pueden reutilizarse o reciclarse. Se puede reciclar todo tipo de materiales: las latas y los teléfonos móviles, el papel y el plástico, los cartuchos de tinta y los restos de comida. Reciclar reduce el derroche de los recursos, así como de dinero y energía, mantiene el equilibrio climático y disminuye la contaminación.

Consumo de carbono

Puedes reducir la cantidad de dióxido de carbono que emites cada año. Para empezar, puedes calcular tu huella de carbono a través de Internet; así sabrás cuál es la actividad con la que más CO_2 produces.

Media española de emisión de CO_2 anual per cápita

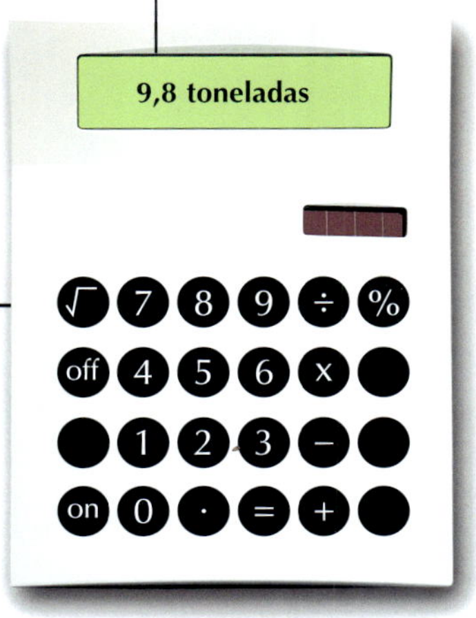

ADIÓS AL ENVASADO

Los envases no siempre son necesarios. Alrededor del 20% de la basura de un hogar se compone de envases, y cerca del 16% del coste de un producto corresponde al envasado. Deberíamos comprar artículos sin envasar siempre que sea posible, y usar una bolsa de la compra propia en lugar de utilizar las bolsas de plástico que nos proporciona el comercio, ya que en su producción se utilizan combustibles fósiles.

Podemos comprar frutas y verduras al peso, en lugar de envasadas en bolsas de plástico, bandejas o cajas.

GLOSARIO

atmósfera
Capa de gas que se mantiene alrededor de un cuerpo celeste (un planeta, un satélite o una estrella) debido a la fuerza de la gravedad.

caducifolio
Árbol que pierde sus hojas en otoño, al final de la temporada de crecimiento.

calentamiento global
Calentamiento general de la atmósfera terrestre causado por la contaminación que provocan los gases de efecto invernadero (especialmente el dióxido de carbono).

campo magnético
Fuerza magnética que rodea a la Tierra debido a su denso núcleo de hierro, y que actúa como un imán gigante.

clima templado
Clima moderado y lluvioso que se caracteriza por no ser demasiado caliente ni demasiado frío y que suele darse entre los trópicos y los polos.

clima tropical
Clima caliente con periodos de continuas y fuertes precipitaciones.

cometa
Cuerpo celeste compuesto por hielo y roca que orbita alrededor del Sol. Con el calor, se desprenden fragmentos de hielo y polvo y se forma la cola.

conífera
Árbol o arbusto con hojas en forma de aguja y frutos en forma de cono. La mayoría de las coníferas son de hoja perenne.

continente
Cada una de las siete grandes áreas de tierra del planeta.

corteza
Capa más superficial y más fina de la estructura geológica de la Tierra formada por rocas. Existen dos tipos de corteza terrestre: la corteza oceánica (más delgada y más densa) y la corteza continental (menos densa y más gruesa).

ecosistema
Comunidad de seres vivos que habitan un mismo lugar y cuyas relaciones sociales dependen de las condiciones del mismo.

ecuador
Línea horizontal imaginaria que divide el globo terráqueo en dos hemisferios.

eje
Línea imaginaria que atraviesa verticalmente un cuerpo por su centro, alrededor de la cual el cuerpo rota sobre sí mismo. En el globo terráqueo, se extiende de polo a polo.

elemento
Sustancia simple, cuyos átomos tienen la misma carga positiva.

erosión
Proceso de desgaste de la roca en la superficie terrestre por la acción de agentes como el agua o el viento.

falla
Grieta en la corteza terrestre causada por los movimientos de las placas tectónicas o de tensiones internas producidas entre las rocas.

fósil
Restos o signos de la actividad de un organismo prehistórico conservados en la roca. La mayoría de los fósiles que tenemos se han hallado en rocas

sedimentarias que han quedado expuestas.

glaciación
Largo periodo de clima frío durante el cual gran parte de la superficie del planeta queda cubierta por el hielo.

gravedad
Fuerza de atracción entre dos objetos. Objetos grandes como un planeta cuentan con una mayor fuerza de gravedad; en la Tierra, todo tiende a caer debido precisamente a esta fuerza.

magma
Roca fundida en el interior de la tierra. Cuando el magma sale a la superficie terrestre se denomina lava.

manto
Capa espesa de la Tierra situada entre la corteza y el núcleo cuyas rocas transfieren calor desde el núcleo hasta la superficie.

marea
Movimiento de ascenso y descenso del agua del mar provocado por la atracción gravitatoria que la Luna y el Sol ejercen entre ellos.

meteorización
Desintegración gradual de la roca debido a agentes atmosféricos, biológicos y químicos.

meteoro
Fragmento de roca o metal que vaga por el espacio y al entrar en la atmósfera terrestre se va desintegrando debido a la fricción del aire. Si llega a colisionar con la superficie, se denomina meteorito.

mineral
Sustancia natural de la corteza terrestre con una composición química definida y una estructura de cristal específica, que no procede de los animales ni de las plantas. Los minerales son los componentes básicos de las rocas.

ozono
Forma de oxígeno que se encuentra en la atmósfera, en una fina capa a unos 20 km sobre la Tierra. La capa de ozono absorbe la dañina radiación ultravioleta del sol.

radiación
Forma de energía que se propaga en el espacio en forma de ondas electromagnéticas. Son diferentes tipos de radiación la luz, los rayos X y la radiación ultravioleta.

renovable
Aquello que puede utilizarse de forma continuada sin que llegue a agotarse. El viento, las olas y el calor del sol son fuentes de energía renovables.

sedimento
Desecho sólido de roca, como arena o lodo, que ha sido desplazado de su lugar de origen por el viento, el agua o hielo.

vehículo híbrido
Coche que utiliza dos o más fuentes de energía (como la gasolina, el diesel, la electricidad o el hidrógeno).

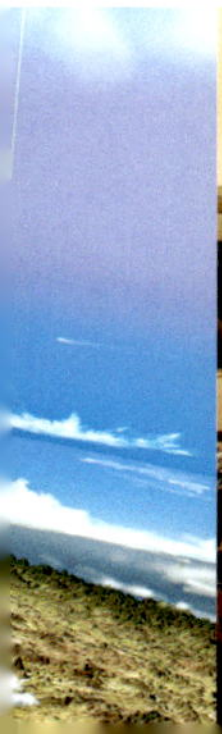

ÍNDICE

INVESTIGA

Si quieres aprender más cosas sobre nuestro planeta, en esta página te proponemos algunos recursos.

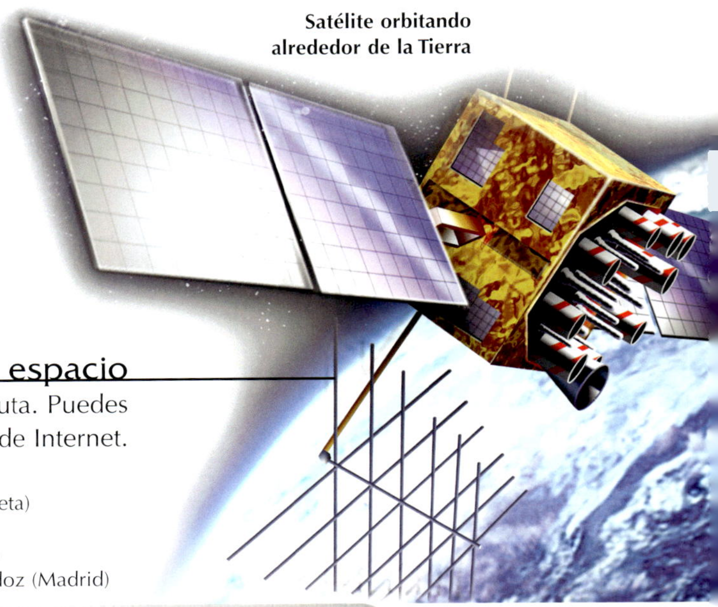

Satélite orbitando alrededor de la Tierra

La Tierra en el espacio

Para ver la Tierra desde el espacio no hace falta ser astronauta. Puedes ver imágenes por satélite de ella en libros o en páginas de Internet.

Estrellas y planetas, de Mike Goldsmith, (Ed. Susaeta)

Instituto Nacional de Técnica Aeroespacial (INTA)
Carretera de Ajalvir, km. 4. 28850 Torrejón de Ardoz (Madrid)

http://earth.google.com

Imagen de una eco-aldea en Surrey, Inglaterra. En España también funcionan algunas, como la de Valdepiélagos, en la comunidad de Madrid.

Cuida del planeta

¡Tú puedes contribuir a mantener limpio el planeta y a evitar el calentamiento global! Descubre cómo hacerlo:

El calentamiento global; El cambio climático, (Ed. Susaeta)

Centro nacional de energías renovables
Ciudad de la Innovación, nº 7. 31621 Sarriguren (Navarra)

http://www.greenpeace.org/espana/

Cuando hagas excursiones largas, ve siempre con un grupo y no te desvíes de la ruta trazada.

Conoce el planeta

Muchas personas que viven en la ciudad se olvidan de que, fuera de ella, existe un mundo lleno de vida que desconocen. Conócelo tú y disfruta sintiéndote integrado en la naturaleza.

Atlas ilustrado de los espacios naturales de España, (Ed. Susaeta)

Busca un compañero de viaje y aprovecha para conocer un ecosistema único: el Parque Nacional de Doñana.

http://reddeparquesnacionales.mma.es/parques/index.htm

Observando un fósil en la playa

Rocas y fósiles

Observa con detenimiento las rocas sobre las que caminas cuando sales de la ciudad y busca fósiles. ¡Aprenderás mucho sobre la historia del planeta!

Fósiles. Aprende a reconocer las huellas de nuestro pasado, de Roberto Zorzín (Ed. Susaeta)

Museo Nacional de Ciencias Naturales
José Gutiérrez Abascal, 2. 28006 (Madrid)

http://www.colegiomaravillas.com/BIO/BACH/02e39e987a0e51603/index.html